Michael Schreiber
Kirchlich heiraten – aber wie?

Michael Schreiber

Kirchlich heiraten – aber wie?

Anregungen und Beispiele für die Gestaltung der Trauung

Verlag Butzon & Bercker Kevelaer

Die Deutsche Bibliothek – CIP-Einheitsaufnahme

Ein Titeldatensatz für diese Publikation ist bei
Der Deutschen Bibliothek erhältlich.

verlags
gruppe
engagement

ISBN 3-7666-0400-7

Neuausgabe 2001

Umschlagillustration: Maike Rathert
Umschlaggestaltung: Elisabeth von der Heiden, Geldern
Druck und Bindung: Bercker Graphischer Betrieb, Kevelaer

Inhalt

Einen Moment bitte! Ein Wort vorab

Liebe Leserinnen und Leser!

Als meine Frau und ich Anfang 1988 damit begannen, unsere Hochzeit vorzubereiten, suchten wir nach entsprechender Literatur, die uns bei der Gestaltung unserer Trauungsfeier behilflich sein sollte. Vor allem waren wir an den verschiedenen Formen und Möglichkeiten der Gestaltung unserer Brautmesse interessiert. Wir wollten aber keinen „fertigen" Gottesdienst finden, den wir nur noch zu kopieren brauchten; vielmehr suchten wir nach Anregungen, Beispielen und Tips, um „unsere" Trauungsliturgie so persönlich wie möglich zu feiern. Zwar bekamen wir bei unserem (sehr empfehlenswerten!) Ehevorbereitungsseminar, das auf Dekanatsebene von Ehepaaren, Theologen, einem Arzt und einem Juristen veranstaltet wurde, einige Hinweise, doch fanden wir insgesamt nur wenig Material, an dem wir uns orientieren konnten.
Einige Monate nach unserer Hochzeit fragten mich dann Freunde, ob ich ihnen aufgrund unserer/meiner eigenen Erfahrungen bei der Vorbereitung ihrer Hochzeit mit einigen Ratschlägen und Ideen behilflich sein könnte oder ihnen wenigstens literarische Hilfen anzugeben wüßte. Sie wollten die gottesdienstliche Feier der Trauung nach ihren Wünschen gestalten, aber auch ihnen standen nur – trotz weiterer Suche – die wenigen Ratgeber zur Verfügung, die bereits meine Frau und ich zur Vorbereitung verwendet hatten.
Diese Erfahrungen bestärkten mich in meinem Entschluß, den Mangel an Informationsmöglichkeiten zumindest teilweise zu beheben und den Brautpaaren, die in den kommenden Jahren ihre Trauung möglichst individuell gestalten und feiern wollen, eine Art „Hilfestellung" zu geben. So will dieses Buch vor allem ein Buch für die Praxis sein, indem es aufzeigt, welche unterschiedlichen Formen der Liturgie der Trauung es überhaupt gibt und an welchen Stellen das Brautpaar gestaltend mitwirken kann. Anhand einiger Beispiele und Vorschläge, die als Anregungen und nicht

unbedingt gleich als kopierfähige Muster verstanden werden sollen, möchte ich aufzeigen, wie eine Mitgestaltung bei der kirchlichen Feier konkret aussehen kann. Vielleicht werden so Ideen und Vorstellungen geweckt oder gewinnen konkretere Gestalt. Keinesfalls erheben die hier vorgelegten Ausführungen den Anspruch, allumfassend oder allein richtig zu sein. Eine Hochzeit ist, wie ich meine, das persönliche und besondere Fest des Brautpaares. Deswegen sollten gerade Braut und Bräutigam möglichst viel von sich selbst in die Liturgie mit einbringen können, d.h.: sie sollten in Worten, Texten, Liedern, Musik und auch Symbolen ihre Liebe zueinander, aber vor allem auch ihren Glauben, ihre ganz persönliche Beziehung zu Gott, auszudrücken versuchen.
Des weiteren macht dieses Buch mit der Liturgie des Wortgottesdienstes und der Eucharistiefeier der römisch-katholischen Kirche im deutschsprachigen Raum vertraut. Es werden Ansätze eines neueren, im Zweiten Vatikanischen Konzil grundgelegten und noch zu wenig praktizierten Liturgieverständnisses (Verständnis der Feier der Gottesdienste) deutlich, das den einzelnen mehr in das Geschehen des Gottesdienstes mit einbindet.[1] Das Buch erhebt nicht den Anspruch einer wissenschaftlichen Arbeit, sondern will zum Lesen und Nachschlagen einladen, vermeidet allzu häufige Verwendung von theologischen Fachbegriffen und ist somit für jedermann verständlich.
Lieben Dank möchte ich dem Ehepaar Dorothee und Rainer Weiß sowie einigen anderen Brautleuten für die Überlassung ihrer Hochzeitsunterlagen sagen. Mein ganz besonderer Dank gilt aber meinem lieben Studienkollegen und Freund Thomas Maier, der mir durch seinen Rat, besonders aber durch seine Mitarbeit hilfreich zur Seite gestanden hat. So hoffe ich, mit diesem Buch möglichst vielen Brautleuten eine Anregung und Hilfe in die Hand zu geben, „ihre" kirchliche Trauung, „ihr" Fest und damit die Feier ihres Lebensbundes leichter und gezielter und vor allem individueller vorzubereiten, zu gestalten und zu feiern.

Michael Schreiber

Vorwort zur Neuausgabe

Liebe Leserinnen und Leser!

Zahlreiche Rückmeldungen zu „Kirchlich heiraten – aber wie?" kamen in den zurückliegenden Jahren bei mir an. Ob Hinweise, Verbesserungsvorschläge oder Dank – alle zeugten von einer intensiven Auseinandersetzung und Arbeit mit diesem Buch. Viele Trauungsgottesdienste konnten durch die darin zu findenden Anregungen und Tipps gestaltet werden und wurden so zu unvergeßlichen Feiern.
Das gottesdienstliche Feiern der Kirche, das wir Liturgie nennen, zeichnet sich durch eine große Vielfalt aus und kennt zahlreiche Gestaltungs- und Variationsmöglichkeiten. Am deutlichsten wird dies wohl bei der Feier der Trauung. In keinem anderen Gottesdienst der Kirche gibt es so viele Möglichkeiten für ein individuelles Gepräge der Feier wie hier. Und dennoch ist die Trauung keine private Feierlichkeit, die lediglich im Ambiente eines sakralen Bauwerkes stattfindet. Sie bleibt bei aller Individualität eine Feier der Gemeinde, eine Feier der Gemeinschaft der Kirche. Dies zu betonen und es gleichsam an den Anfang der Lektüre dieses Buches zu stellen schien mir für das Erscheinen der vierten, neu gestalteten Auflage wichtig.
Inhaltlich habe ich keine Änderungen vorgenommen, da sich gezeigt hat, daß Brautleute fast immer in den von mir angegebenen Bereichen nach Hilfen suchen. Vor allem für Texte, Lieder und die weitere musikalische Gestaltung sind verschiedene Möglichkeiten aufgezeigt. Selbstverständlich hat sich der Musikgeschmack in den zurückliegenden Jahren gewandelt; neue Lieder kamen auf und neue Musik wurde komponiert. Sogenannte „neue geistliche Lieder" haben die Auswahl um ein Vielfaches vergrößert. Und auch im Bereich der neueren, modernen Instrumentalmusik wurde viel Neues geschrieben, das auch bei einer Trauung passend sein kann. Hier allerdings stets „up to date" zu sein, ist ein schwieriges Unterfangen und auf keinen Fall Sinn und Zweck dieses Buches. Es will vielmehr die Grundstruktur eines Trauungsgottesdienstes aufzeigen und durch Beispiele verdeutlichen, wie diese Struktur gestaltet werden kann.

So bleibt es den Brautleuten in Absprache mit dem Zelebranten überlassen, die Liturgie so zu gestalten, wie es ihnen entspricht.
Allen Brautleuten, die dieses Buch zur Vorbereitung der Feier ihrer Trauung gebrauchen, wünsche ich viele Einfälle, positive Gedanken und ein gutes Gelingen. Viel Freude bei der Gestaltung der Feier und Gottes Segen für den gemeinsamen Lebensweg!

Frühjahr 2001 *Michael Schreiber*

Vorausbemerkungen zum kirchlichen (katholischen) Eheverständnis

Wenn auch die Zahl der Christen, die an ihrer Kirche noch interessiert sind und sich selbst als „praktizierende" Christen verstehen, in den letzten Jahren immer mehr zurückgegangen ist, so ist es dennoch eine ernstzunehmende Tatsache, daß viele, die auf Distanz zur Kirche gegangen sind, deren „Dienstleistungen" an den sogenannten „Lebenswenden" immer noch in Anspruch nehmen. Kinder- bzw. Säuglingstaufe oder Erstkommunion sind hier zu nennen. Auch ein christliches Begräbnis wünscht fast jeder Christ, wenngleich er zu Lebzeiten seiner Kirche distanziert gegenübergestanden hat. Nicht anders ist es mit der kirchlichen Trauung. Hier ist sogar eine Beobachtung zu machen, die Priester, pastorale Mitarbeiter und Gemeinden eher beklommen macht: Zwar wünschen immer noch recht viele Paare eine Trauung innerhalb der Kirche, aber deren Eheverständnis lehnen sie teilweise oder sogar ganz ab.

Da jedoch eine kirchliche Trauung mehr beinhaltet als nur eine „Hochzeit in Weiß" mit feierlichem Orgelspiel, sollten zumindest einige Punkte des Eheverständnisses der katholischen Kirche angesprochen werden. Es sollen in erster Linie einige Begriffe erläutert und Einsicht, vielleicht auch Interesse in und für das christliche Eheverständnis geweckt werden.

Für die katholische Kirche ist die Ehe zwischen Mann und Frau eines der sieben *Sakramente* (Sakrament = Zeichen, das eine besondere Gnade vermittelt); d.h.: die „eheliche Verbindung... ist in die Ordnung der Gnade erhoben und unter Gottes besonderen Beistand gestellt"[2]. In der Gemeinschaft der Ehe sind die welthafte und gnadenhafte Wirklichkeit derart voneinander durchdrungen wie nirgends sonst. Damit ist gesagt, daß es neben der (horizontalen) Wirklichkeit zwischen Mann und Frau auch die (vertikale) Wirklichkeit der Ehepartner zu Gott gibt.

Schon im Alten Testament ist von dieser welthaften und gnadenhaften Wirklichkeit die Rede. Dem Mann und der Frau als dem Abbild Gottes ist die Schöpfung anvertraut (vgl. Gen 1,1–2,4); ihre eheliche Verbindung ist ein Bild und Zeichen des „Bundes", den Gott mit seinem Volk geschlossen hat. In diesem „Bund" verpflichtet sich Gott (Jahwe), der Gott Israels zu sein, und Israel wiederum verpflichtet sich, Jahwes Volk zu sein. Und obgleich Israel ständig diesen „Bund" bricht und andere Götter verehrt, hält Jahwe seine Verpflichtung ein; er bleibt Gott seines Volkes Israel. (Vgl. dazu auch das Buch Hosea im AT: Der Prophet Hosea muß in seiner Ehe mit einer Hure die Untreue Israels gegenüber Jahwe „symbolisch" darstellen, doch dadurch auch die endzeitliche „Gottesehe" zwischen Jahwe und Israel verheißen.)

Das Neue Testament kennt verschiedene Stellungnahmen Jesu zur Ehe (vgl. Mt 5,27–32; 19,3–9; Mk 10,2–12 u.a.). Dabei ist Ehe in Jesu Verständnis auf den Schöpferwillen Gottes zurückzuführen und steht wie seine ganze Botschaft unter dem Blickwinkel der kommenden Gottesherrschaft. Das neutestamentliche, sakramentale Eheverständnis wird aber besonders deutlich im Brief des Apostels Paulus an die Epheser (vgl. Eph 5,21–33): Hier ist Ehe „nicht nur Nachahmung des Verhältnisses Christus–Kirche, sondern sie wird in diese Lebens- und Liebesgemeinschaft (Eph 5,32: ‚das große Geheimnis') einbezogen; sie hat Anteil daran"[3].

Was das *Sakrament* der Ehe heute für eine Frau und einen Mann bedeutet, macht wohl der „Bundes"-Gedanke am deutlichsten: Gott ist in Jesus Christus mit den Ehegatten auf dem Weg, er ist der Jahwe, d.h. der, der für sie da sein wird, wenn sie sich ihm öffnen. In dem Bewußtsein gläubiger Ehepartner, daß Gott den Weg der Ehe mitgeht, lassen sich gute Zeiten (er-)leben und schlechte Zeiten überwinden. Denn daß ein solcher Weg auch äußerst schwierig werden kann, ist wohl unbestritten. Daher ist das Ehesakrament auch nicht am Tag der Trauung mit dem Entschluß ein für allemal gespendet und abgeschlossen, sondern das Ehesakrament ist ein Prozeß, ein Weg. Indem also die Ehepartner auch in den Krisen zu ihrem einmal gegebenen „Ja" stehen und ihrem Partner treu bleiben, legen sie Zeugnis ab für die unendliche und unauflösliche Liebe Gottes, die er den Menschen als seinen „Bundes"-Partnern trotz deren Untreue schenkt. Somit wird deutlich, daß die *Unauflöslichkeit* eine Wesenseigenschaft der sakramentalen Ehe ist. Denn wenn Ehe als Bild und Zeichen der unverbrüchlichen und unauflöslichen Liebe Gottes zu den Menschen verstanden wird, dann kann das Eheband, welches Mann und Frau verbindet, nicht zertrennt werden. Doch sollte die Unauflöslichkeit der sakramentalen Ehe „mehr in ihrem Geschenk- und Angebotscharakter (die Eheleute können und dürfen zusammenbleiben) als in ihrem Geset-

zescharakter erschlossen werden"[4]. Denn nur so will und kann das Ehesakrament richtig verstanden werden.
Wo die Ehe als Sakrament theologisch ihren Platz hat, verdeutlicht eine Aussage der deutschen Bischöfe im Beschluß der Gemeinsamen Synode der Bistümer in der Bundesrepublik Deutschland von 1975: „Der menschliche Lebensbund Ehe ist hineingenommen in den größeren Bund Gottes mit den Menschen, den er in Jesus Christus ein für allemal geöffnet hat."[5]
Und um noch einmal hervorzuheben, daß christlich verstandene Ehe *Sakrament* und somit mehr als eine Art Zeitvertrag oder eine „Solange-es-eben-gut-geht"-Bindung ist, sei erneut die Heilige Schrift zitiert, wo es bei Matthäus in Kapitel 18, Vers 20 heißt: „...wo zwei oder drei in meinem Namen versammelt sind, da bin ich mitten unter ihnen." Hier kommt, wie auch schon oben erwähnt, der Glaube zum Ausdruck, daß Gott in Jesus Christus mit den Eheleuten den Weg der Ehe zusammen geht, und dies ist das Entscheidende. Dieser Glaube wird für die Ehepartner zu einer „Quelle, die... ihre gegenseitige Liebe ermöglicht und ihre Treue trägt. Aus ihr kann sich der, menschlich gesehen, so zerbrechliche Bund einer Ehe immer wieder erneuern. Gläubige Ehepartner leben nicht nur von den Reserven ihrer eigenen Großmut, sondern aus der unerschöpflichen Versöhnungskraft des Kreuzes."[6]
Man könnte hier nun noch etwas zu den Wesenselementen der Ehe (Ehewille, Ehekonsens, Nachkommenschaft ...) anführen; mit den knappen Ausführungen zu Sakramentalität und Unauflöslichkeit ist aber das Wichtigste gesagt. Wer mehr über das kirchliche (katholische) Eheverständnis erfahren möchte, dem sei das Buch von Ferdinand Krenzer: „Morgen wird man wieder glauben. Eine katholische Glaubensinformation" empfohlen; es ist im Lahn-Verlag, Limburg, erschienen. Dort finden sich im Kapitel 20 sehr gute Ausführungen zu Liebe und Ehe im Verständnis der katholischen Kirche.

Formen der Eheschließung

Für die Feier der kirchlichen Trauung gibt es in der katholischen Kirche verschiedene Möglichkeiten. So kann man einerseits die Trauung innerhalb eines Wortgottesdienstes feiern und andererseits den Trauritus in die Feier einer heiligen Messe eingliedern. Die Wahl, in welcher der beiden Weisen die Trauung gefeiert werden soll, hat das Brautpaar. Für gewöhnlich – so der Wille des Zweiten Vatikanischen Konzils und die Praxis der Kirche – geschieht die Eheschließung innerhalb einer Meßfeier, da nämlich die Eucharistie die Feier des Neuen Bundes ist, „in dem Christus die Kirche für immer als seine geliebte Braut angenommen hat"[7]. Daher soll das Brautpaar auch die Kommunion (möglichst unter beiderlei Gestalten: Brot und Wein) empfangen, da durch sie die Liebe zu Christus gestärkt und die Gemeinschaft mit ihm vertieft werden soll.
Es gibt jedoch auch Gründe, bei denen sich ein Brautpaar entscheidet, das eucharistische Mahl nicht zu feiern und somit auch nicht zu kommunizieren. Ist die Feier der Messe durch irgendwelche Umstände nicht möglich, dann geschieht die Feier des Ehesakramentes im Rahmen eines Wortgottesdienstes. In beiden Fällen ist der Ritus der Eheschließung jedoch der gleiche. Der chronologische Ablauf der Liturgie, sowohl der des Wortgottesdienstes als auch der der Meßfeier, soll im folgenden im Detail betrachtet werden.
Eine weitere Möglichkeit, kirchlich zu heiraten, ist die Form der „gemeinsamen kirchlichen Trauung", die fälschlicherweise auch als „ökumenische Trauung" bezeichnet wird. Auf sie wird in aller Knappheit am Ende dieses Buches eingegangen.

Trauung innerhalb eines Wortgottesdienstes

Die gesamte Liturgie der Trauung mit ihren verschiedenen Elementen wie Eröffnung oder Wortgottesdienst und auch die Feier der Trauung selbst hat einen bestimmten einheitlichen Ablauf. Die einzelnen Teile sollen hier in ihrer chronologischen Abfolge vorgestellt und knapp erläutert werden. Elemente der Feier, die nicht überall üblich oder eben nur möglich, aber nicht verbindlich sind, sind in Klammern ( ) gesetzt. Die Elemente der Feier, bei denen eine Auswahl (z. B. aus den vorgegebenen Texten) bzw. Gestaltung durch das Brautpaar möglich ist, sind mit einem Stern * gekennzeichnet.

Eröffnung

1. Empfang des Brautpaares

Meist wird das Brautpaar vom Priester (Diakon) und ggf. auch von Ministrantinnen und Ministranten am Kirchenportal oder vor der Kirche empfangen. Dort nimmt der Priester (Diakon) auch die Ringe an sich, um sie später zu segnen und den Brautleuten zu geben, die sie sich an den Finger stecken.

2. (Taufgedächtnis)

Vor dem gemeinsamen Einzug in die Kirche kann der Priester (Diakon) den Brautleuten zur Erinnerung an ihre Taufe Weihwasser reichen und alle Versammelten besprengen.

3. Einzug in die Kirche unter Musikbegleitung*

Gemeinsam mit allen, die bei der Feier einen besonderen Dienst versehen (Ministrantinnen/Ministranten, Prediger, Lektorinnen/Lektoren usw.), ziehen der Priester (Diakon) und das Brautpaar, aber auch die Angehörigen und Mitfeiernden in die Kirche ein. Zum Einzug kann Orgelspiel oder Musikbegleitung in irgendeiner Form erklingen oder auch ein Lied gesungen werden.

4. (Eingangslied)*

Zu Beginn der Liturgie kann die gesamte Festgemeinde ein Lied singen, um sich auf den Gottesdienst einzustimmen. Es ist möglich, daß dieses Lied auch schon zum Einzug gesungen wird.

5. Begrüßung/Eröffnungsgebet

Der Priester (Diakon) (ggf. auch zusammen mit dem Brautpaar) begrüßt die Festgemeinde und lädt sie zur Mitfeier des Gottesdienstes ein.

Wortgottesdienst

1. (Erste Lesung)*

Im Wortgottesdienst folgen nun Lesungen aus der Heiligen Schrift. Wenn sich ein Brautpaar mehrere Schriftstellen ausgewählt hat, beginnt man üblicherweise mit der alttestamentlichen Textstelle in der ersten Lesung.

2. (Lied/Musik/Psalm)*

Als Antwortgesang folgt nun ein Psalm (gebetet oder gesungen) oder auch ein Lied der Gemeinde.

3. (Zweite Lesung)*

Wurde in der ersten Lesung eine alttestamentliche Schriftstelle vorgetragen, folgt als zweite Lesung (so diese überhaupt vorgesehen ist) meist ein Abschnitt aus dem Neuen Testament.

4. (Lied/Halleluja-Ruf)*

Der Halleluja-Ruf, der auch durch ein Lied ersetzt werden kann, soll auf die Begegnung mit Jesus Christus im Wort (= Evangelium) einstimmen.

5. Evangelium*

Ist der Aufbau des Wortgottesdienstes wie in den regulären Gottesdiensten durch eine oder zwei Lesungen gekennzeichnet, folgt nun das Wort der Frohen Botschaft (Evangelium) nach Matthäus, Markus, Lukas oder Johannes.
Man kann sich aber auch für nur einen einzigen Bibeltext im Wortgottesdienst entscheiden. Dieser allein kann dann im Mittelpunkt der Feier stehen und sowohl aus dem Alten als auch aus dem Neuen Testament stammen, d. h.: es besteht kein zwingender Grund, sich an das Schema: Lesung 1, Lesung 2 und Evangelium zu halten.

6. Predigt/Ansprache*

In der Regel legt der Priester (Diakon) in der Predigt die gewählte Schriftstelle aus und versucht, das Brautpaar auf Sinn und Würde der christlichen Ehe aufmerksam zu machen. In Ausnahmefällen kann auch ein Laie (möglicherweise ein haupt- oder nebenberuflicher Mitarbeiter in der Pfarrei oder auch ein Freund bzw. eine Freundin des Brautpaares) eine Ansprache halten. Doch bedarf es gerade hier der Zustimmung des Gemeindepfarrers, weil die Frage der Predigt eines „Laien" z. Zt. in unserer Kirche nicht unumstritten ist.

Trauung

1. Befragung nach der Bereitschaft zur christlichen Ehe (Skrutinium)

Nach der Predigt/Ansprache beginnt nun der eigentliche Trauritus mit den Traufragen nach dem freien Entschluß zur Ehe und nach der Treue zum Partner. Diese beiden Fragen müssen beide Ehepartner einzeln, die dritte Frage nach dem Verhältnis zur Nachkommenschaft und die vierte Frage, die den Aufgaben in Familie, Kirche und Welt gewidmet ist, gemeinsam beantworten.

2. Segnung der Ringe*

Die Ringe, die ein Zeichen der gegenseitigen Liebe und Treue sind, werden vom Priester (Diakon) gesegnet.

3. Vermählung

Die Vermählung erfolgt nun durch die Erklärung des Ehewillens und den gegenseitigen Tausch der Ringe.

4. Bestätigung der Vermählung*

Der Priester (Diakon) bestätigt den Ehebund in einigen Worten, wobei er die ineinandergelegten Hände des Brautpaares mit seiner Stola umwindet.

5. (Lied/Musik)*

Nachdem sich Braut und Bräutigam so das Sakrament der Ehe gespendet haben, kann Instrumentalmusik oder ein Lied folgen.

6. Feierlicher Trauungssegen*

Der Priester (Diakon) spricht über die Neuvermählten den Feierlichen Trauungssegen und legt ihnen dabei (wo üblich) die Hände auf.

7. (Lied/Musik)*

Dem Feierlichen Trauungssegen kann Gesang, Orgelspiel oder Instrumentalmusik folgen.

8. Fürbitten*

Es schließen sich nun die Fürbitten (= oratio fidelium) an. Sie sollen sich normalerweise nicht nur auf die Neuvermählten beschränken, sondern auch Eltern, Verwandte, Freunde und alle Verheirateten einschließen.

Vaterunser

1. (Lied/Musik)*

An dieser Stelle nach den Fürbitten und vor dem Vaterunser kann ein Lied gesungen werden.

2. Vaterunser

Mit der ganzen Gemeinde beten die Neuvermählten das Gebet des Herrn, das Vaterunser.

3. (Lied/Musik)*

Nach dem Vaterunser kann wieder ein Lied eingefügt werden.

4. Schlußgebet*

Der Priester (Diakon) spricht anschließend ein Schlußgebet.

Abschluß

1. (Unterzeichnung der Trauungsdokumente)

Je nach Diözesanbrauch werden vor dem Schlußsegen die Trauungsdokumente unterzeichnet.

2. (Überreichung von Brot, Wein, Salz und Kerzen)

Nach örtlichem Brauch können Brot, Wein, Salz und Kerzen, aber auch eine Bibel, ein Kreuz oder ein anderes passendes Geschenk überreicht werden.

3. Schlußsegen*

Zum Abschluß des Gottesdienstes segnet der Priester (Diakon) die ganze Gemeinde.

4. (Schlußlied)*

Die Neuvermählten und die Gemeinde danken im Schlußlied Gott für die Gottesdienstfeier und seinen Segen.

5. Entlassung

Der Priester (Diakon) beendet den Gottesdienst mit dem Entlassungsruf: „Gehet hin in Frieden."

6. Auszug aus der Kirche unter Musikbegleitung*

Mit dem Priester (Diakon), ggf. auch mit den Ministrantinnen und Ministranten sowie mit allen anderen Mitfeiernden ziehen die Neuvermählten aus der Kirche aus.
Zum Auszug kann festliche (Orgel-)Musik ertönen.

Trauung innerhalb einer Meßfeier

Es ist eigentlich – wie schon zu Beginn des Kapitels kurz erwähnt – der „Regelfall", daß die Trauung innerhalb einer Meßfeier begangen wird. Sie ist der eigentliche Rahmen für die Liturgie der Trauung. Es steht aber im Ermessen der Brautleute, ob sie einen Wortgottesdienst oder eine Messe feiern wollen. Ist jedoch kein Priester, sondern ein Diakon als Zelebrant für die Trauung zuständig, kann nur ein Wortgottesdienst mit Trauung, ggf. mit Kommunionfeier, gefeiert werden. Eine heilige Messe zu feiern ist einem Diakon nicht erlaubt. An der Trauungsliturgie selbst ändert sich nichts, ob man nun das eine oder das andere vorzieht. Der wichtigste und bedeutendste Unterschied der Eucharistiefeier zum Wortgottesdienst ist der, daß bei der Eucharistiefeier ein weiteres Sakrament (Eucharistiesakrament) gefeiert wird.
Bei der Eucharistiefeier gibt es nun wie auch schon beim Wortgottesdienst einen bestimmten Aufbau, der wiederum in vielen Teilen vom Brautpaar gestaltet werden kann. Bis zu den Fürbitten ist der erste Teil der Trauung innerhalb einer Meßfeier genau gleich. Ebenso stimmt auch

der Schluß wieder genau überein. Was nun in welcher Form noch hinzukommt, soll im folgenden gezeigt werden:

Eröffnung

siehe S. 16, Nr. 1–5, und dazu:

6. Allgemeines Schuldbekenntnis/Taufgedächtnis

7. Kyrie*

Die Kyrie-Rufe, als Bekenntnis und Bitte an Jesus Christus, den lebendigen Gottessohn, gerichtet, können gebetet oder gesungen werden.

8. (Gloria)*

Das Gloria ist ein Gesang oder ein Gebet, das an Sonntagen, kirchlichen Hochfesten oder bei anderen festlichen Gottesdiensten, wie z. B. einer Hochzeit, angestimmt wird. Anstelle des gesprochenen oder auch gesungenen Textes kann auch ein Gloria-Lied gesungen werden.

9. Tagesgebet*

Der Priester (Diakon) spricht oder singt das (Tages-)Gebet.

Wortgottesdienst

siehe S. 17 f.

Trauung

siehe S. 18 f.

Eucharistiefeier

1. Gabenprozession*

Bei der Gabenprozession werden Brot und Wein zum Altar gebracht und für die Eucharistiefeier bereitet. Dabei können es die Neuvermählten, ansonsten üblicherweise die Ministrantinnen oder die Ministranten sein, die Brot und Wein zum Altar bringen.

2. Lied/Musik/Stille*

Zur Gabenbereitung kann ein Musikstück gespielt oder ein Lied gesungen werden; hier wäre aber auch der Ort, um eine Zeit der Stille zu halten.

3. Gabengebet*

Das Gebet über Brot und Wein wird vom Priester gesprochen.

4. Präfation*

Mit einem Einleitungsdialog und der Präfation beginnt das Eucharistische Hochgebet, das der Priester vorträgt. Er kann selbst oder auf besonderen Wunsch des Paares zwischen mehreren Hochgebeten auswählen.

5. Sanctus (Sanctuslied)*

Gemeinsam mit der ganzen Gemeinde spricht oder singt der Priester nach der Präfation das Sanctus. Es kann auch durch ein entsprechendes Lied ersetzt werden.

6. Vaterunser

Nachdem der Priester das Hochgebet zu Ende gebetet hat, betet oder singt die gesamte Gemeinde das Vaterunser.

7. Friedensgebet/(Friedensgruß)*

Das Friedensgebet ist die Bitte um die Einheit aller Glaubenden und den Frieden Christi. Es wird vom Priester gebetet. Wo es üblich ist, soll zum Friedensgruß, dem Zeichen der Bereitschaft zu Frieden und Versöhnung untereinander, aufgefordert werden.

8. Agnus Dei (Agnus Dei-Lied)*

Der dreimalige Anruf des Lammes Gottes (Agnus Dei) kann wahlweise gesprochen oder gesungen werden.

9. Kommunion

Die Kommunion empfangen die Neuvermählten unter beiderlei Gestalten, d. h.: sie essen das heilige Brot, den Leib Christi, und trinken aus dem Kelch das Blut Christi. Wenn die Festgemeinde nicht zu groß ist, bietet sich der Kommunionempfang unter beiderlei Gestalten auch für sie an.

10. Lied/Musik/Stille*

Nach dem Kommunionempfang kann eine Zeitlang Stille gehalten werden, oder die Gemeinde singt ein Danklied. Es besteht auch die Möglichkeit, ein besinnliches Musikstück zu spielen.

11. (Meditation/Dankgebet)*

Wenn nach dem Kommunionempfang eine kurze Stille gehalten wurde, kann es gut und angebracht sein, eine kleine Meditation (Besinnung) zu halten oder ein meditatives Dankgebet zu sprechen.

12. Schlußgebet*

Das Schlußgebet des Priesters beendet die Eucharistiefeier.

Abschluß

siehe S. 19 f.

Zum Ort der gottesdienstlichen Feier

Man mag sich fragen, was es wohl zum *Ort der Trauung* zu sagen gibt; denn es ist ja sicher unbestritten, daß der Ort der Trauung eine Kirche oder Kapelle ist. So ist zumindest die allgemeine Praxis im deutschsprachigen Raum, auch wenn es da und dort Ausnahmen von dieser Regelung geben kann und das kanonische Recht[8] solche Ausnahmen[9] einschließt.
Es soll bei der Frage des Ortes nicht um die Frage „Gotteshaus oder anderer Raum?" gehen, sondern darum, welche Kirche oder Kapelle der Ort ist, an welchem die Heirat gefeiert werden kann. Muß es die Kirche des Ortes sein, in dem das Brautpaar wohnt? Oder wie ist es, wenn Braut und Bräutigam in verschiedenen Gemeinden oder Stadtteilen leben? Kann es auch eine Kirche in einer anderen Stadt sein und vielleicht auch mit einem anderen Pfarrer?
Um es gleich vorab zu sagen: Den Ort, das heißt die Kirche, in der die Heirat stattfinden soll, können sich die Brautleute selbst auswählen.
Zwar gibt es die Regel, daß die Ehe dort zu schließen ist, wo einer der Partner den Wohnsitz oder den Nebenwohnsitz hat (Kirche der Pfarrgemeinde), doch kann mit Erlaubnis des Ortspfarrers die Ehe auch anderswo geschlossen werden.[10] Der Ortspfarrer bleibt aber für den formalen Akt der Eheschließung zuständig. Das heißt: Will ein Brautpaar in einer anderen Kirche als der, zu der es gemäß dem Wohnsitz gehört, heiraten, so muß der Ortspfarrer, in dessen Pfarrei das Paar lebt, dem Geistlichen der Kirche, in der die Trauung stattfinden soll, den besonderen Auftrag (Delegation) erteilen.[11]
Wohnen Braut und Bräutigam in verschiedenen Gemeinden oder Stadtteilen, so ist der Ortspfarrer der Braut maßgeblich.
Neben dem Wechsel in eine andere Kirche hat das Brautpaar auch die Möglichkeit, sich den Priester (Diakon) selbst auszusuchen. So kann es durchaus sein, daß ein Paar einen Priester oder Diakon im Freundes- oder Bekanntenkreis hat und diesen so gut kennt, daß es von ihm getraut werden will. Dies ist aber nur dann möglich, wenn der Priester, in dessen

Kirche die Trauung gefeiert werden soll, seine Zustimmung dazu erteilt und den gewünschten Geistlichen zur Trauung delegiert.[12]
In den allermeisten Fällen wird es ohne Schwierigkeiten möglich sein, daß sich das Brautpaar sowohl die Kirche als auch den Priester (Diakon) selbst aussuchen kann. Kein Priester wird sich wohl dabei den Wünschen eines Brautpaares in den Weg stellen. Doch sollten Braut und Bräutigam auch bedenken – und das ist ein recht gewichtiges Argument für die Trauung in der Kirche der Pfarrgemeinde, zu der sie vom Wohnort her gehören –, daß sie Glieder *ihrer* Pfarrgemeinde sind und die Hochzeit in der eigenen Gemeinde ein Zeichen der Zusammengehörigkeit und der Verbundenheit in und mit der Pfarrgemeinde sein kann.

Auswahl- und Gestaltungsmöglichkeiten

Bereits im Kapitel „Formen der Eheschließung" wurde der Aufbau der verschiedenen Trauungsliturgien deutlich. Anhand jener Ausführungen ist zu erkennen, daß viele Teile der Liturgie nicht unbedingt festgeschrieben sind und in einer bestimmten Form gefeiert werden müssen. Die Übersichten zeigten bereits, an welchen Stellen innerhalb der Feier eine Auswahl oder Gestaltung vorgenommen werden kann. Jedes Brautpaar hat so die Möglichkeit, seine Hochzeit in der Liturgie der Kirche so persönlich wie möglich zu feiern.
Dieser Teil will nun konkrete Beispiele geben, wie und was man auswählen, abwandeln und frei gestalten kann. Das eine oder andere läßt sich sicher ohne weiteres in die eigene Trauungsliturgie übernehmen, doch sollen die angeführten Möglichkeiten vor allem die eigene, individuelle Gestaltung anregen.

Vorbemerkungen

Nicht alle Teile der Feier der katholischen Trauung sowie die der Rahmenelemente (Wortgottesdienst und Meßfeier) sind austauschbar oder können frei gestaltet werden. Auch bei einigen Texten läßt sich nicht zwischen verschiedenen Varianten auswählen. Doch bleibt bei der gesamten Liturgie an vielen Stellen die Möglichkeit, um- und auszugestalten. Gerade Texte und musikalische Elemente, seien es Lieder oder Instrumentalmusik, oder auch Riten und Symbole bieten jedem Brautpaar ganz individuelle Gestaltungsmöglichkeiten. Auch bei anderen Teilen, wie der Eheerklärung oder der Segnung der Neuvermählten, kann zwischen unterschiedlichen „Formeln" ausgewählt werden. In den folgenden Abschnitten ist angegeben, welche Ideen wo und auf welche Weise verwirklicht werden können, wobei in vielen Pfarrgemeinden noch mehr Freiraum zur individuellen Gestaltung der Trauungsliturgie bleibt. Es gibt jedoch auch Pfarrgemeinden – besser wäre von den einzelnen Pfarrern zu reden –, in denen eine individuelle Gestaltung der Trauungsfeier weniger erwünscht ist, da sie mit (wenn auch nur geringem) Mehraufwand für den Zelebranten verbunden ist. Falls gerade dies der Fall sein sollte, kann man jedem Brautpaar nur wünschen, daß es den Mut nicht verliert und auch ohne Hilfe und Unterstützung des Priesters oder Diakons versucht, den Trauungsgottesdienst möglichst individuell zu gestalten.

Auswahl- und Gestaltungsmöglichkeiten bei Texten

Der Trauungsspruch

In den letzten Jahren ist es bei vielen Brautpaaren guter Brauch geworden, sich einen *Trauungsspruch* zur Hochzeit zu wählen. Dieser Trauungsspruch oder auch Leitspruch kann der Heiligen Schrift entnommen sein oder dem Denken eines klugen Kopfes wie z. B. eines Dichters, Philosophen oder eines Heiligen entstammen – natürlich kann man ihn auch selbst formulieren. Solch ein Gedanke steht dann als „Motto" über den gesamten Hochzeitsfeierlichkeiten oder vielleicht auch als Leitwort über der ganzen Ehe. In ihm soll etwas von dem zum Ausdruck kommen, was die Brautleute denken und fühlen, was sie bewogen hat, es miteinander zu wagen, was sie trägt, was ihnen Halt gibt und Sinn macht im Leben. Der Trauungsspruch kann das beinhalten, was das Paar bisher schon miteinander erfahren hat, oder auch ausdrücken, wie beide sich den Weg miteinander vorstellen oder für die Zukunft voneinander erwarten. Es gibt also viele Ansatzpunkte, um einen recht persönlichen Trauungsspruch auszuwählen.

Da der Trauungsspruch als eine Art Leitaussage die ganze Hochzeit umschließen soll, kann er bereits auf den Einladungen zur Hochzeitsfeier zur Geltung kommen. Falls man nämlich die Einladungskarten selbst schreibt bzw. sie eigens drucken läßt und nicht nur vorgefertigte Standardausgaben benutzt, ist es eine schöne Sache, den ausgewählten Satz/ Gedanken als Einstieg zu verwenden. Das gleiche gilt dann auch für die Dankeskärtchen, die für erhaltene Glückwünsche und Geschenke verschickt werden.

Falls das Brautpaar zum Trauungsgottesdienst ein Lied- und Textheft erstellt, ist auch hier die Möglichkeit gegeben, mit dem gewählten Trauungsspruch Zeugnis für den eigenen Glauben und für das persönliche Eheverständnis abzulegen.

Haben Braut und Bräutigam ausreichend Zeit zur Vorbereitung der Hochzeit und vielleicht auch einige Helferinnen und Helfer, so kann man das Leitwort auch kunstvoll auf ein großes Stück Papier oder Karton malen oder schreiben und es sowohl in der Kirche als auch bei der Feier im Familien- und Freundeskreis aufhängen.
Im folgenden werden einige Beispiele angeführt, die als Trauungsspruch möglich sind:

AUS DEM ALTEN TESTAMENT

„Gott schuf also den Menschen als sein Abbild; als Abbild Gottes schuf er ihn. Als Mann und Frau schuf er sie."

Genesis 1,27

„Dann sprach Gott, der Herr: Es ist nicht gut, daß der Mensch allein bleibt. Ich will ihm eine Hilfe machen, die ihm entspricht."

Genesis 2,18

„Leg mich wie ein Siegel auf dein Herz, wie ein Siegel an deinen Arm! Stark wie der Tod ist die Liebe."

Hoheslied 8,6

„Auch mächtige Wasser können die Liebe nicht löschen; auch Ströme schwemmen sie nicht weg."

Hoheslied 8,7

„Ich bleibe derselbe, so alt ihr auch werdet, bis ihr grau werdet, will ich euch tragen."

Jesaja 46,4

AUS DEM NEUEN TESTAMENT

„Sie sind also nicht mehr zwei, sondern eins. Was aber Gott verbunden hat, das darf der Mensch nicht trennen."

Matthäus 19,6

„Bleibt in meiner Liebe!"

Johannes 15, 9

„Wir wissen, daß Gott bei denen, die ihn lieben, alles zum Guten führt."

Römerbrief 8, 28

„Bleibt niemand etwas schuldig; nur die Liebe schuldet ihr einander immer."

Römerbrief 13, 8

„Die Liebe erträgt alles, glaubt alles, hofft alles, hält allem stand. Die Liebe hört niemals auf."

1. Korintherbrief 13, 7 f.

„Vor allem haltet fest an der Liebe zueinander."

1. Petrusbrief 4, 8

AUS ANDEREN QUELLEN

„Liebe ist das größte Abenteuer des menschlichen Herzens. Herzenskultur bringt dir nichts ein, aber sie verändert alles, dein Denken und dein Tun, dein Fühlen und dein Sprechen. Dein ganzes Leben."

Phil Bosmans

„Wenn du einen Menschen liebst, wirst du alles tun, daß er lebt und gedeiht und aufblüht in der Wärme deiner Freundschaft."

Phil Bosmans

„Einzeln sind wir Worte, zusammen ein Gedicht."

Georg Bydlinski

„Du bist zeitlebens für das verantwortlich, was du dir vertraut gemacht hast."

Antoine de Saint-Exupéry

„Liebe besteht nicht darin, daß man einander ansieht, sondern daß man in die gleiche Richtung blickt."

Antoine de Saint-Exupéry

„Wir trauen uns, unserer Liebe ein Zuhause zu geben. Wir trauen dem Himmel, daß er unsere Liebe segnend begleitet. Wir vertrauen darauf, daß liebe Menschen unseren Weg begleiten."

Roland Schönfelder

„Morgens und abends zu lesen:
Der, den ich liebe
Hat mir gesagt
Daß er mich braucht.

Darum
Gebe ich auf mich acht
Sehe auf meinen Weg und
Fürchte von jedem Regentropfen
Daß er mich erschlagen könnte."

Bertolt Brecht[13]

Diese Liste mit Worten und Gedanken zu Liebe, Leben und Ehe ließe sich beinahe endlos fortsetzen. Jene mögen als Beispiele genügen. Weitere Impulse finden sich in der angegebenen Literatur (vgl. Literaturnachweis).

Bibelstellen zur Schriftlesung

Eine weitere Möglichkeit der Auswahl haben Brautleute bei den Bibelstellen für Lesung(en) bzw. Evangelium. Es gibt in der Heiligen Schrift einige Abschnitte, die sich besonders für die Schriftlesung eines Trauungsgottesdienstes eignen. Im folgenden sollen ein paar von ihnen genannt werden. Doch vorab noch etwas Grundsätzliches.
In der Frage, wieviel Schriftstellen (Lesungen und Evangelium) eigentlich bei einer Trauung gelesen werden „müssen", gibt es unterschiedliche Auffassungen. Die Regel ist – wie in jedem Sonntagsgottesdienst –, daß zwei Lesungen und das Evangelium vorgetragen werden. Aber auch bei den Messen am Sonntag werden meist nur eine Lesung und das Evangelium vorgetragen. Eine Brautmesse oder ein Wortgottesdienst mit Trauung

sind nun noch etwas anderes, da es sich um einen individuellen und spezifischen Gottesdienst handelt. Es geht um das persönliche Fest des Brautpaares, was bedeutet, daß sie – in Absprache mit dem Priester/Diakon – ihren Gottesdienst – als Gottesdienst der Kirche – selbst gestalten. Für die Anzahl der Schriftlesungen heißt das, daß es auch genügen kann, wenn nur ein einziger Text der Heiligen Schrift vorgetragen wird. Dabei spielt es auch keine Rolle, aus welchem Buch der Bibel die Schriftstelle stammt. Ja, es könnte sogar in Wortgottesdiensten mit Trauung die (sicher sehr seltene) Ausnahme gemacht werden, daß an die Stelle eines Bibeltextes ein anderer Text mit christlich-religiösem Charakter treten kann. Ob ein solcher Wunsch sich realisieren läßt, hängt zum einen von der Begründung des Brautpaares für einen solchen Text ab, zum anderen von der Einstellung des jeweiligen Geistlichen. Doch wie gesagt, es sollte ja auch nur die Ausnahme sein. Die Heilige Schrift bietet ausreichend gute Stellen zur Auswahl an.

TEXTE AUS DEM ALTEN TESTAMENT

Im Anfang schuf Gott Himmel und Erde. Und Gott sprach: Laßt uns Menschen machen als unser Abbild, uns ähnlich. Sie sollen herrschen über die Fische des Meeres, über die Vögel des Himmels, über das Vieh, über die ganze Erde und über alle Kriechtiere auf dem Land. Gott schuf also den Menschen als sein Abbild; als Abbild Gottes schuf er ihn. Als Mann und Frau schuf er sie. Gott segnete sie, und Gott sprach zu ihnen: Seid fruchtbar, und vermehrt euch, bevölkert die Erde, unterwerft sie euch, und herrscht über die Fische des Meeres, über die Vögel des Himmels und über alle Tiere, die sich auf dem Land regen. Gott sah alles an, was er gemacht hatte: Es war sehr gut.

Genesis 1, 1.26–28.31a

Dann sprach Gott, der Herr: Es ist nicht gut, daß der Mensch allein bleibt. Ich will ihm eine Hilfe machen, die ihm entspricht. Gott, der Herr, formte aus dem Ackerboden alle Tiere des Feldes und alle Vögel des Himmels und führte sie dem Menschen zu, um zu sehen, wie er sie benennen würde. Und wie der Mensch jedes lebendige Wesen benannte, so sollte es heißen. Der Mensch gab Namen allem Vieh, den Vögeln des Himmels und allen Tieren des Feldes. Aber eine Hilfe, die dem Menschen entsprach, fand er nicht. Da ließ Gott, der Herr, einen tiefen Schlaf auf den Menschen fallen, so daß er einschlief, nahm eine seiner Rippen und verschloß ihre Stelle mit Fleisch. Gott, der Herr, baute aus der Rippe, die er vom Menschen genommen hatte, eine Frau und führte sie dem Menschen zu. Und der Mensch sprach: Das endlich ist Bein von meinem Bein und Fleisch von meinem Fleisch. Frau soll sie heißen; denn vom Mann ist sie genommen. Darum verläßt der Mann Vater und Mutter und bindet sich an seine Frau, und sie werden ein Fleisch.

Genesis 2, 18–24

Darauf sagte Raguël zu Tobias: Iß und trink, und laß es dir gut gehen! Tobias erwiderte: Ich will nichts essen, ehe ihr Sara mir nicht feierlich zur Frau gegeben habt. Da sagte Raguël: Du sollst sie bekommen, sie ist von jetzt an nach Recht und Gesetz deine Frau. Du bist mir ihr verwandt; sie gehört dir. Der barmherzige Gott schenke euch viel Glück. Und er ließ seine Tochter Sara rufen, nahm sie bei der Hand und gab sie Tobias zur Frau; er sagte: Hier, sie ist dein nach dem Gesetz des Mose. Führ sie zu deinem Vater! Und er segnete sie. Dann rief er seine Frau Edna herbei, nahm ein Blatt Papier, schrieb den Ehevertrag, und man setzte das Siegel darunter. Darauf begannen sie mit dem Mahl.

Tobit 7, 10.12–14

Als Tobias und Sara in der Kammer allein waren, erhob sich Tobias vom Lager und sagte: Steh auf, Schwester, wir wollen beten, damit der Herr Erbarmen mit uns hat. Und er begann zu beten: Sei gepriesen, Gott unserer Väter; gepriesen sei dein heiliger und ruhmreicher Name in alle Ewigkeit. Die Himmel und alle deine Geschöpfe müssen dich preisen. Du hast Adam erschaffen und hast ihm Eva zur Frau gegeben, damit sie ihm hilft und ihn ergänzt. Von ihnen stammen alle Menschen ab. Du sagtest: Es ist nicht gut, daß der Mensch allein ist; wir wollen für ihn einen Menschen machen, der ihm hilft und zu ihm paßt. Darum, Herr, nehme ich diese meine Schwester auch nicht aus reiner Lust zur Frau, sondern aus wahrer Liebe. Hab Erbarmen mit mir, und laß mich gemeinsam mit ihr ein hohes Alter erreichen! Und Sara sagte zusammen mit ihm: Amen. Und beide schliefen die Nacht über miteinander.

Tobit 8, 4–9

Zwei sind besser als einer allein, falls sie nur reichen Ertrag aus ihrem Besitz ziehen. Denn wenn sie hinfallen, richtet einer den anderen auf. Doch wehe dem, der allein ist, wenn er hinfällt, ohne daß einer bei ihm ist, der ihn aufrichtet. Außerdem: Wenn zwei zusammen schlafen, wärmt einer den andern; einer allein – wie soll er warm werden? Und wenn jemand einen einzelnen auch überwältigt, zwei sind ihm gewachsen, und eine dreifache Schnur reißt nicht so schnell.

Kohelet 4, 9–12

Leg mich wie ein Siegel auf dein Herz, wie ein Siegel an deinen Arm! Stark wie der Tod ist die Liebe, die Leidenschaft ist hart wie die Unterwelt. Ihre Gluten sind Feuergluten, gewaltige Flammen. Auch mächtige Wasser können die Liebe nicht löschen; auch Ströme schwemmen sie nicht weg. Böte einer für die Liebe den ganzen Reichtum seines Hauses, nur verachten würde man ihn.

Hoheslied 8, 6–7

TEXTE AUS DEM NEUEN TESTAMENT

Als Jesus die vielen Menschen sah, stieg er auf einen Berg. Er setzte sich, und seine Jünger traten zu ihm. Dann begann er zu reden und lehrte sie. Er sagte: Selig, die arm sind vor Gott; denn ihnen gehört das Himmelreich. Selig die Trauernden; denn sie werden getröstet werden. Selig, die keine Gewalt anwenden; denn sie werden das Land erben. Selig, die hungern und dürsten nach der Gerechtigkeit; denn sie werden satt werden. Selig die Barmherzigen; denn sie werden Erbarmen finden. Selig, die ein reines Herz haben; denn sie werden Gott schauen. Selig, die Frieden stiften; denn sie werden Söhne Gottes genannt werden. Selig, die um der Gerechtigkeit willen verfolgt werden; denn ihnen gehört das Himmelreich. Selig seid ihr, wenn ihr um meinetwillen beschimpft und verfolgt und auf alle mögliche Weise verleumdet werdet. Freut euch und jubelt: Euer Lohn im Himmel wird groß sein.

Matthäus 5, 1–12a

Ihr seid das Salz der Erde. Wenn das Salz seinen Geschmack verliert, womit kann man es wieder salzig machen? Es taugt zu nichts mehr; es wird weggeworfen und von den Leuten zertreten. Ihr seid das Licht der Welt. Eine Stadt, die auf einem Berg liegt, kann nicht verborgen bleiben. Man zündet auch nicht ein Licht an und stülpt ein Gefäß darüber, sondern man stellt es auf den Leuchter; dann leuchtet es allen im Haus. So soll euer Licht vor den Menschen leuchten, damit sie eure guten Werke sehen und euren Vater im Himmel preisen.

Matthäus 5, 13–16

Deswegen sage ich euch: Sorgt euch nicht um euer Leben und darum, daß ihr etwas zu essen habt, noch um euren Leib und darum, daß ihr etwas anzuziehen habt. Ist nicht das Leben wichtiger als die Nahrung und der Leib wichtiger als die Kleidung? Seht euch die Vögel des Himmels an: Sie säen nicht, sie ernten nicht und sammeln keine Vorräte in Scheunen; euer himmlischer Vater ernährt sie. Seid ihr nicht viel mehr wert als sie? Wer von euch kann mit all seiner Sorge sein Leben auch nur um eine kleine Zeitspanne verlängern? Und was sorgt ihr euch um eure Kleidung? Lernt von den Lilien, die auf dem Feld wachsen: Sie arbeiten nicht und spinnen nicht. Doch ich sage euch: Selbst Salomo war in all seiner Pracht nicht gekleidet wie eine von ihnen. Wenn aber Gott schon das Gras so prächtig kleidet, das heute auf dem Feld steht und morgen ins Feuer geworfen wird, wieviel mehr dann euch, ihr Kleingläubigen! Macht euch also keine Sorgen und fragt nicht: Was sollen wir essen? Was sollen wir trinken? Was sollen wir anziehen? Denn um all das geht es den Heiden. Euer himmlischer Vater weiß, daß ihr das alles braucht. Euch aber muß es zuerst um sein Reich und um seine Gerechtigkeit gehen; dann wird euch alles andere dazugegeben.

Matthäus 6, 25–33

Weiter sage ich euch: Alles, was zwei von euch auf Erden gemeinsam erbitten, werden sie von meinem himmlischen Vater erhalten. Denn wo zwei oder drei in meinem Namen versammelt sind, da bin ich mitten unter ihnen.

Matthäus 18, 19–20

Da kamen Pharisäer zu ihm, die ihm eine Falle stellen wollten, und fragten: Darf man seine Frau aus jedem beliebigen Grund aus der Ehe entlassen? Er antwortete: Habt ihr nicht gelesen, daß der Schöpfer die Menschen am Anfang als Mann und Frau geschaffen hat und daß er gesagt hat: Darum wird der Mann Vater und Mutter verlassen und sich an seine Frau binden, und die zwei werden ein Fleisch sein? Sie sind also nicht mehr zwei, sondern eins. Was aber Gott verbunden hat, das darf der Mensch nicht trennen.

Matthäus 19, 3–6

Am dritten Tag fand in Kana in Galiläa eine Hochzeit statt, und die Mutter Jesu war dabei. Auch Jesus und seine Jünger waren zur Hochzeit eingeladen. Als der Wein ausging, sagte die Mutter Jesu zu ihm: Sie haben keinen Wein mehr. Jesus erwiderte ihr: Was willst du von mir, Frau? Meine Stunde ist noch nicht gekommen. Seine Mutter sagte zu den Dienern: Was er euch sagt, das tut! Es standen dort sechs steinerne Wasserkrüge, wie es der Reinigungsvorschrift der Juden entsprach; jeder faßte ungefähr hundert Liter. Jesus sagte zu den Dienern: Füllt die Krüge mit Wasser! Und sie füllten sie bis zum Rand. Er sagte zu ihnen: Schöpft jetzt, und bringt es dem, der für das Festmahl verantwortlich ist. Sie brachten es ihm. Er kostete das Wasser, das zu Wein geworden war. Er wußte nicht, woher der Wein kam; die Diener aber, die das Wasser geschöpft hatten, wußten es. Da ließ er den Bräutigam rufen und sagte zu ihm: Jeder setzt zuerst den guten Wein vor und erst, wenn die Gäste zuviel getrunken haben, den weniger guten. Du jedoch hast den guten Wein bis jetzt zurückgehalten. So tat Jesus sein erstes Zeichen, in Kana in Galiläa, und offenbarte seine Herrlichkeit, und seine Jünger glaubten an ihn.

Johannes 2, 1–11

Ich bin der wahre Weinstock, und mein Vater ist der Winzer. Jede Rebe an mir, die keine Frucht bringt, schneidet er ab, und jede Rebe, die Frucht bringt, reinigt er, damit sie mehr Frucht bringt. Ihr seid schon rein durch das Wort, das ich zu euch gesagt habe. Bleibt in mir, dann bleibe ich in euch. Wie die Rebe aus sich keine Frucht bringen kann, sondern nur, wenn sie am Weinstock bleibt, so könnt auch ihr keine Frucht bringen, wenn ihr nicht in mir bleibt. Ich bin der Weinstock, ihr seid die Reben. Wer in mir bleibt und in wem ich bleibe, der bringt reiche Frucht; denn getrennt von mir könnt ihr nichts vollbringen.

Johannes 15, 1–5

Wie mich der Vater geliebt hat, so habe auch ich euch geliebt. Bleibt in meiner Liebe! Wenn ihr meine Gebote haltet, werdet ihr in meiner Liebe bleiben, so wie ich die Gebote meines Vaters gehalten habe und in seiner Liebe bleibe. Dies habe ich euch gesagt, damit meine Freude in euch ist und damit eure Freude vollkommen wird. Das ist mein Gebot: Liebt einander, so wie ich euch geliebt habe.

Johannes 15, 9–12

Das ist mein Gebot: Liebt einander, so wie ich euch geliebt habe. Es gibt keine größere Liebe, als wenn einer sein Leben für seine Freunde hingibt. Ihr seid meine Freunde, wenn ihr tut, was ich euch auftrage. Ich nenne euch nicht mehr Knechte; denn der Knecht weiß nicht, was sein Herr tut. Vielmehr habe ich euch Freunde genannt; denn ich habe euch alles mitgeteilt, was ich von meinem Vater empfangen habe. Nicht ihr habt mich erwählt, sondern ich habe euch erwählt und dazu bestimmt, daß ihr euch aufmacht und Frucht bringt und daß eure Frucht bleibt. Dann wird euch der Vater alles geben, um was ihr ihn in meinem Namen bittet. Dies trage ich euch auf: Liebt einander!

Johannes 15, 12–17

Eure Liebe sei ohne Heuchelei. Verabscheut das Böse, haltet fest am Guten! Seid einander in brüderlicher Liebe zugetan, übertrefft euch in gegenseitiger Achtung! Laßt nicht nach in eurem Eifer, laßt euch vom Geist entflammen und dient dem Herrn! Seid fröhlich in der Hoffnung, geduldig in der Bedrängnis, beharrlich im Gebet! Helft den Heiligen, wenn sie in Not sind; gewährt jederzeit Gastfreundschaft! Segnet eure Verfolger; segnet sie, verflucht sie nicht! Freut euch mit den Fröhlichen und weint mit den Weinenden! Seid untereinander eines Sinnes; strebt nicht hoch hinaus, sondern bleibt demütig! Haltet euch nicht selbst für weise! Vergeltet niemand Böses mit Bösem! Seid allen Menschen gegenüber auf Gutes bedacht! Soweit es euch möglich ist, haltet mit allen Menschen Frieden!

Römerbrief 12, 9–18

Bleibt niemand etwas schuldig; nur die Liebe schuldet ihr einander immer. Wer den andern liebt, hat das Gesetz erfüllt. Denn die Gebote: Du sollst nicht die Ehe brechen, du sollst nicht töten, du sollst nicht stehlen, du sollst nicht begehren!, und alle anderen Gebote sind in dem einen Satz zusammengefaßt: Du sollst deinen Nächsten lieben wie dich selbst. Die Liebe tut dem Nächsten nichts Böses. Also ist die Liebe die Erfüllung des Gesetzes.

Römerbrief 13, 8–10

Wenn ich in den Sprachen der Menschen und Engel redete, hätte aber die Liebe nicht, wäre ich dröhnendes Erz oder eine lärmende Pauke. Und wenn ich prophetisch reden könnte und alle Geheimnisse wüßte und alle

Erkenntnis hätte; wenn ich alle Glaubenskraft besäße und Berge damit versetzen könnte, hätte aber die Liebe nicht, wäre ich nichts. Und wenn ich meine ganze Habe verschenkte, und wenn ich meinen Leib dem Feuer übergäbe, hätte aber die Liebe nicht, nützte es mir nichts. Die Liebe ist langmütig, die Liebe ist gütig. Sie ereifert sich nicht, sie prahlt nicht, sie bläht sich nicht auf. Sie handelt nicht ungehörig, sucht nicht ihren Vorteil, läßt sich nicht zum Zorn reizen, trägt das Böse nicht nach. Sie freut sich nicht über das Unrecht, sondern freut sich an der Wahrheit. Sie erträgt alles, glaubt alles, hofft alles, hält alldem stand. Die Liebe hört niemals auf.

1. Korintherbrief 13, 1–8a

Ihr Männer, liebt eure Frauen, wie Christus die Kirche geliebt und sich für sie hingegeben hat, um sie im Wasser und durch das Wort rein und heilig zu machen. So will er die Kirche herrlich vor sich erscheinen lassen, ohne Flecken, Falten oder andere Fehler; heilig soll sie sein und makellos. Darum sind die Männer verpflichtet, ihre Frauen so zu lieben wie ihren eigenen Leib. Wer seine Frau liebt, liebt sich selbst. Keiner hat je seinen eigenen Leib gehaßt, sondern er nährt und pflegt ihn, wie auch Christus die Kirche. Denn wir sind Glieder seines Leibes. Darum wird der Mann Vater und Mutter verlassen und sich an seine Frau binden, und die zwei werden ein Fleisch sein. Dies ist ein tiefes Geheimnis; ich beziehe es auf Christus und die Kirche. Was euch angeht, so liebe jeder von euch seine Frau wie sich selbst, die Frau aber ehre den Mann.

Epheserbrief 5, 25–33

Noch einmal sage ich euch: Freut euch! Eure Güte werde allen Menschen bekannt. Der Herr ist nahe. Sorgt euch um nichts, sondern bringt in jeder Lage betend und flehend eure Bitten mit Dank vor Gott! Und der Friede Gottes, der alles Verstehen übersteigt, wird eure Herzen und eure Gedanken in der Gemeinschaft mit Christus Jesus bewahren. Schließlich, Brüder: Was immer wahrhaft, edel, recht, was lauter, liebenswert, ansprechend ist, was Tugend heißt und lobenswert ist, darauf seid bedacht! Was ihr gelernt und angenommen, gehört und an mir gesehen habt, das tut! Und der Gott des Friedens wird mit euch sein.

Philipperbrief 4, 4b–9

Ihr seid von Gott geliebt, seid seine auserwählten Heiligen. Darum bekleidet euch mit aufrichtigem Erbarmen, mit Güte, Demut, Milde, Geduld! Ertragt euch gegenseitig, und vergebt einander, wenn einer dem andern etwas vorzuwerfen hat. Wie der Herr euch vergeben hat, so vergebt auch ihr! Vor allem aber liebt einander, denn die Liebe ist das Band, das alles zusammenhält und vollkommen macht. In eurem Herzen herrsche der Friede Christi; dazu seid ihr berufen als Glieder des einen Leibes. Seid dankbar!

Kolosserbrief 3, 12–15

Meine Kinder, wir wollen nicht mit Wort und Zunge lieben, sondern in Tat und Wahrheit. Daran werden wir erkennen, daß wir aus der Wahrheit sind, und werden unser Herz in seiner Gegenwart beruhigen. Denn wenn das Herz uns auch verurteilt – Gott ist größer als unser Herz, und er weiß alles.

1. Johannesbrief 3, 18–20

Gott ist die Liebe, und wer in der Liebe bleibt, bleibt in Gott, und Gott bleibt in ihm. Darin ist unter uns die Liebe vollendet, daß wir am Tag des Gerichts Zuversicht haben. Denn wie er, so sind auch wir in dieser Welt. Furcht gibt es in der Liebe nicht, sondern die vollkommene Liebe vertreibt die Furcht. Denn die Furcht rechnet mit Strafe, und wer sich fürchtet, dessen Liebe ist nicht vollendet. Wir wollen lieben, weil er uns zuerst geliebt hat.

1. Johannesbrief 4, 16b–19

Möglichkeiten der Auswahl von Gebeten und Texten der Liturgie

Vor und innerhalb des Trauritus und auch innerhalb der Eucharistiefeier (Trauungsmesse) hat das Brautpaar die Möglichkeit, zwischen verschiedenen Texten gleichen Inhalts auszuwählen. Diese Auswahl von Gebeten und Texten ist an folgenden Stellen gegeben:

vor und innerhalb des Trauritus

- beim Eröffnungsgebet (nur bei der Feier der Trauung in einem Wortgottesdienst)

- bei der Segnung der Ringe
- bei der Eheerklärung bzw. der Vermählung
- beim Trauungssegen (Segnung der Neuvermählten)

innerhalb der Trauungsmesse

- Tagesgebet
- Gabengebet
- Präfation
- Schlußgebet
- Schlußsegen

Die Möglichkeit der Auswahl zwischen den vier verschiedenen Wortlauten des Hochgebetes innerhalb der Trauungsmesse ist hier nicht berücksichtigt. Ebenso fehlen die Texte der Eröffnungs- und Kommunionverse, da diese in der heutigen Meßliturgie nur noch selten gebetet werden. Darüber hinaus kann bei den Texten des Priesters oder Diakons die Anrede „Sie" oder „Du" gewählt werden.

Möglichkeiten der Auswahl von Gebeten und Texten vor und innerhalb des Trauritus

Eröffnungsgebet

Der Text des Eröffnungsgebetes kann entweder frei gewählt werden, oder es wird einer der folgenden Vorschläge ausgewählt:

FORM A

Herr, unser Gott. Komm unserem Beten und unserem Tun mit deiner Gnade zuvor und begleite es, damit alles, was wir beginnen, bei dir seinen Anfang nehme und durch dich vollendet werde. Darum bitten wir durch Christus, unseren Herrn.

FORM B

Barmherziger Gott. Höre auf unser Gebet in dieser Stunde. Laß die Ehe, die N. und N. heute schließen, nicht nur ein Werk zweier Menschen sein, sondern ein Werk deiner Gnade und ein Bild deiner Liebe. Darum bitten wir durch Christus, unseren Herrn.

Weitere Texte zur Auswahl:

FORM A

Gott, unser Schöpfer und Vater, du hast die Ehe geheiligt und durch sie den Bund zwischen Christus und seiner Kirche dargestellt. Erhöre unser Gebet für dieses Brautpaar. Gib, daß sie die Gnade des Ehesakramentes, die sie im Glauben empfangen, in ihrem gemeinsamen Leben entfalten. Darum bitten wir durch Christus, unseren Herrn.

FORM B

Allmächtiger Gott, schon bei der Erschaffung des Menschen hast du die Lebensgemeinschaft von Mann und Frau gewollt. Blicke auf dieses Brautpaar, das den Ehebund schließen will. Laß sie einander zugetan sein ihr Leben lang, damit sie, die in der Liebe Frucht bringen sollen, auch Zeugen deiner Güte werden. Darum bitten wir durch Christus, unseren Herrn.

FORM C

Erhöre, Herr, unsere Bitte, segne die Braut und den Bräutigam, die sich vor deinem Altar zur ehelichen Gemeinschaft verbinden, und gib, daß sie einander allezeit in Liebe und Treue beistehen. Darum bitten wir durch Christus, unseren Herrn.

Segnung der Ringe

Das Segensgebet über die Eheringe kann lauten:

FORM A

Herr und Gott, du bist menschlichen Augen verborgen, aber dennoch in unserer Welt zugegen. Wir danken dir, daß du uns deine Nähe schenkst, wo Menschen einander lieben. Segne + diese Ringe, segne diese Brautleute, die sie als Zeichen ihrer Liebe und Treue tragen werden. Laß in ihrer Gemeinschaft deine verborgene Gegenwart unter uns sichtbar werden. Darum bitten wir durch Christus, unseren Herrn.

FORM B

Treuer Gott, du hast mit uns einen unauflöslichen Bund geschlossen. Wir danken dir, daß du uns beistehst. Segne + diese Ringe und verbinde die beiden, die sie tragen, in Liebe und Treue. Darum bitten wir durch Christus, unseren Herrn.

Vermählung

Die Eheschließung kann auf zwei verschiedene Arten erfolgen; von diesen kann das Brautpaar eine auswählen.

FORM A: VERMÄHLUNGSSPRUCH

Zelebrant: So schließen Sie jetzt vor Gott und vor der Kirche den Bund der Ehe, indem Sie das Vermählungswort sprechen. Dann stecken Sie einander den Ring der Treue an.

Bräutigam: N., vor Gottes Angesicht nehme ich dich an als meine Frau. Ich verspreche dir die Treue in guten und bösen Tagen, in Gesundheit und Krankheit, bis der Tod uns scheidet. Ich will dich lieben, achten und ehren alle Tage meines Lebens.

Trag diesen Ring als Zeichen unsrer Liebe und Treue: Im Namen des Vaters und des Sohnes und des Heiligen Geistes.

Braut: N., vor Gottes Angesicht nehme ich dich an als meinen Mann. Ich verspreche dir die Treue in guten und bösen Tagen, in Gesundheit und Krankheit, bis der Tod uns scheidet. Ich will dich lieben, achten und ehren alle Tage meines Lebens.

Trag diesen Ring als Zeichen unserer Liebe und Treue: Im Namen des Vaters und des Sohnes und des Heiligen Geistes.

FORM B: VERMÄHLUNG DURCH DAS JA-WORT

Zelebrant: So schließen Sie jetzt vor Gott und vor der Kirche den Bund der Ehe, indem Sie das Ja-Wort sprechen. Dann stecken Sie einander den Ring der Treue an.

Der Zelebrant fragt den Bräutigam: N., ich frage Sie vor Gottes Angesicht: Nehmen Sie Ihre Braut N. an als Ihre Frau und versprechen Sie, ihr die Treue zu halten in guten und bösen Tagen, in Gesundheit und Krankheit, und sie zu lieben, zu achten und zu ehren, bis der Tod Sie scheidet? (Dann sprechen Sie: Ja.)

Bräutigam: Ja.

Zelebrant: Nehmen Sie den Ring, das Zeichen Ihrer Liebe und Treue, stecken Sie ihn an die Hand Ihrer Braut und sprechen Sie: „Im Namen des Vaters und des Sohnes und des Heiligen Geistes."

Bräutigam: Im Namen des Vaters und des Sohnes und des Heiligen Geistes.

Der Zelebrant fragt die Braut: N., ich frage Sie vor Gottes Angesicht: Nehmen Sie Ihren Bräutigam N. an als Ihren Mann und versprechen Sie, ihm die Treue zu halten in guten und bösen Tagen, in Gesundheit und Krankheit, und ihn zu lieben, zu achten und zu ehren, bis der Tod Sie scheidet? (Dann sprechen Sie: Ja.)

Braut: Ja.

Zelebrant: Nehmen Sie den Ring, das Zeichen Ihrer Liebe und Treue, stecken Sie ihn an die Hand Ihres Bräutigams und sprechen Sie: „Im Namen des Vaters und des Sohnes und des Heiligen Geistes."

Braut: Im Namen des Vaters und des Sohnes und des Heiligen Geistes.

Bestätigung der Vermählung

Zelebrant: Reichen Sie nun einander die rechte Hand.
Gott, der Herr, hat Sie als Mann und Frau verbunden. Er ist treu. Er wird zu Ihnen stehen und das Gute, das er begonnen hat, vollenden.

Nachdem er dann seine Stola um die ineinandergelegten Hände des Brautpaares gelegt hat, legt er seine rechte Hand darüber und spricht:

Im Namen Gottes und seiner Kirche bestätige ich den Ehebund, den Sie geschlossen haben.

Nachdem der Zelebrant die Vermählung bestätigt hat, spricht er zur Gemeinde:

Sie aber (N. und N. [die Trauzeugen]) und alle, die zugegen sind, nehme ich zu Zeugen dieses heiligen Bundes. „Was Gott verbunden hat, das darf der Mensch nicht trennen."

Feierlicher Trauungssegen

Wenn es die Umstände, z. B. das Alter der Brautleute, nahelegen, unterbleiben jeweils die eingeklammerten Worte.

FORM I

Der Zelebrant lädt alle Versammelten mit folgenden Worten zum Gebet für die Brautleute ein:

Laßt uns beten, Brüder und Schwestern, zu Gott, unserm Vater, daß er N. und N. (Braut und Bräutigam) mit der Fülle seines Segens beschenke.

Es folgt eine Gebetsstille. Dann breitet der Zelebrant die Hände aus und singt oder spricht:

Wir preisen dich, Gott, unser Schöpfer, denn im Anfang hast du alles ins Dasein gerufen. Den Menschen hast du erschaffen als Mann und Frau und ihre Gemeinschaft gesegnet. Einander sollen sie Partner sein und ihren Kindern Vater und Mutter. Wir preisen dich, Gott, unser Herr, denn du hast dir ein Volk erwählt und bist ihm in Treue verbunden; du hast die Ehe zum Abbild deines Bundes erhoben.

Dein Volk hat die Treue gebrochen, doch du hast es nicht verstoßen. Den Bund hast du in Jesus Christus erneuert und in seiner Hingabe am Kreuz für immer besiegelt. Die Gemeinschaft von Mann und Frau hast du so zu einer neuen Würde erhoben und die Ehe als Bund der Liebe und als Quelle des Lebens vollendet. Wo Mann und Frau in Liebe zueinander stehen und füreinander sorgen, einander ertragen und verzeihen, wird deine Treue zu uns sichtbar.

Der Zelebrant streckt seine Arme über die Brautleute aus:

So bitten wir dich, menschenfreundlicher Gott, schau gütig auf N. und N., die vor dir knien (stehen) und deinen Segen erhoffen.

Dein Heiliger Geist schenke ihnen Einheit und heilige den Bund ihres Lebens. Er bewahre ihre Liebe in aller Bedrohung; er lasse sie wachsen und reifen und einander fördern in allem Guten.

Hilf ihnen, eine christliche Ehe zu führen und Verantwortung in der Welt zu übernehmen; verleihe ihnen Offenheit für andere Menschen und die Bereitschaft, fremde Not zu lindern.

(Schenke ihnen das Glück, Vater und Mutter zu werden, und hilf ihnen, ihre Kinder christlich zu erziehen.)

Gewähre ihnen Gesundheit und Lebensfreude bis ins hohe Alter, schenke ihnen Kraft und Zuversicht in Not und in Krankheit. Am Ende ihres Lebens führe sie in die Gemeinschaft der Heiligen, zu dem Fest ohne Ende, das du denen bereitest, die dich lieben.

Darum bitten wir durch Jesus Christus, deinen Sohn, unsern Herrn und Gott, der in der Einheit des Heiligen Geistes mit dir lebt und herrscht in alle Ewigkeit.

Alle: Amen.

FORM II

Der Zelebrant lädt alle Versammelten mit folgenden Worten zum Gebet für die Brautleute ein:

Laßt uns beten zum Herrn für diese Brautleute, die zur Trauung an den Altar getreten sind, damit sie (gestärkt durch den Empfang des Leibes und Blutes Christi) für immer verbunden bleiben in gegenseitiger Liebe.

Es folgt eine Gebetsstille. Dann breitet der Zelebrant die Arme aus und singt oder spricht:

Wir preisen dich, heiliger Vater, denn du hast den Menschen nach deinem Bild erschaffen als Mann und Frau, damit beide in der Einheit leiblicher und geistiger Liebe in der Welt ihren Auftrag erfüllen.

Von Anbeginn war es dein Wille, daß ihre Verbindung in der Ehe ein Abbild deiner Liebe zu den Menschen ist, ein lebendiges Zeugnis für den Bund, den du mit deinem Volke geschlossen hast. Wir danken dir, daß die eheliche Gemeinschaft für deine Gläubigen ein Abbild des Bundes zwischen Christus und der Kirche ist. So stellt das Sakrament der Ehe sichtbar dar, wie Christus seine Kirche liebt.

Der Zelebrant streckt seine Arme über die Brautleute aus:

Wir bitten dich, Gott, heiliger Vater: Strecke deine Hand aus über N. und N. Gib ihnen die Kraft des Heiligen Geistes für ihr gemeinsames Leben.

Verleihe ihnen, o Herr, daß sie in der Gemeinschaft der Ehe ein Herz und eine Seele sind und füreinander Zeichen deiner Gegenwart.

Hilf ihnen, ihre Pläne für die Zukunft gemeinsam zu verwirklichen. (Schenke ihnen die Kraft, ihre Kinder im Glauben zu erziehen und ihr Leben auszurichten auf dich hin.)

Schenke der Braut N. die Fülle deines Segens. Laß sie in Liebe und Verständnis ihren Aufgaben als Ehefrau (und Mutter) gerecht werden. Auch dem Bräutigam N. werde dein reicher Segen zuteil. Laß ihn ein guter Ehemann (und Vater) sein.

Gewähre, heiliger Vater, den neu Vermählten (die teilnehmen am eucharistischen Mahl) dereinst einen Platz beim himmlischen Hochzeitsmahl.

Darum bitten wir durch Jesus Christus, deinen Sohn, unsern Herrn und Gott, der in der Einheit des Heiligen Geistes mit dir lebt und herrscht in alle Ewigkeit.

Alle: Amen.

FORM III

Der Zelebrant lädt alle Versammelten mit folgenden Worten zum Gebet für die Brautleute ein:

Laßt uns beten, Brüder und Schwestern, zu Gott, unserm Vater, und ihn um seinen Segen bitten für dieses Brautpaar. Er möge mit seiner Hilfe immer bei ihnen sein, die er heute vereint im heiligen Ehebund.

Es folgt eine Gebetsstille. Dann breitet der Zelebrant die Hände aus und singt oder spricht:

Heiliger Vater, Schöpfer der Welt, du hast Mann und Frau nach deinem Bilde geschaffen und ihre Gemeinschaft gesegnet. Wir bitten dich für N. und N., die sich hier im Sakrament der Ehe verbinden.

Der Zelebrant streckt seine Arme über die Brautleute aus:

Dein reicher Segen, Herr, komme herab auf Bräutigam und Braut, und die Kraft des Heiligen Geistes stärke ihre Liebe zueinander.

(Laß sie mit Kindern gesegnet sein zu ihrer Freude und zur Freude deiner Kirche.)

Gib ihnen die Gnade, daß sie in frohen Tagen dich loben, bei dir Trost finden in der Trauer, deine Hilfe spüren in der Not und bei all ihrem Tun deine Nähe erfahren. Steh ihnen bei, damit sie dir in der Gemeinschaft der Kirche danken und in der Welt Zeugnis für dich geben. Gib ihnen ein erfülltes Leben mit ihren Verwandten und Freunden und führe sie nach dieser Zeit zum ewigen Hochzeitsmahl.

Darum bitten wir durch Jesus Christus, deinen Sohn, unsern Herrn und Gott, der in der Einheit des Heiligen Geistes mit dir lebt und herrscht in alle Ewigkeit.

Alle: Amen.

FORM IV

Der Zelebrant lädt alle Versammelten mit folgenden Worten zum Gebet für die Brautleute ein:

Laßt uns den Herrn anrufen, Brüder und Schwestern, daß er diesem Brautpaar, das sich in Christus im heiligen Bund vermählt, reichen Segen schenke und (in der eucharistischen Begegnung mit Christus) wahre Eintracht der Herzen.

Es folgt eine Gebetsstille. Dann breitet der Zelebrant die Hände aus und singt oder spricht:

Allmächtiger Gott, du hast alles aus dem Nichts ins Dasein gerufen und die Welt mit Weisheit geordnet. Du hast den Menschen als dein Ebenbild erschaffen und zwischen Mann und Frau eine untrennbare Gemeinschaft gegründet. Du willst, daß sie nicht mehr zwei sind, sondern ein Leib, um kundzutun, daß der Bund nicht gelöst werden darf, den du selber gestiftet hast.

Ewiger Gott, du hast den Ehebund zu einer neuen Würde erhoben und ihn zum Abbild des Bundes gemacht zwischen Christus und seiner Kirche. Heiliger Gott, auf deinen Willen gründet die Verbindung von Mann und Frau. Auf dieser Gemeinschaft ruht dein Segen, den du trotz Schuld und Sünde der Menschen nicht widerrufen hast.

Der Zelebrant streckt seine Arme über die Brautleute aus:

Blicke gütig auf diese Brautleute, die ihre Ehe deinem Schutz unterstellen. Sende ihnen deinen Heiligen Geist, daß er ihre Herzen mit Liebe erfülle und sie stärke in der Treue zueinander.

Schenke der Braut die Gabe der Liebe und des Friedens und reihe sie ein in die Schar der heiligen Frauen, deren Lob die Schriften verkünden.

Auf sie vertraue das Herz ihres Mannes. Er achte sie als seine Gemahlin, die mit ihm erwählt ist, das Leben in deiner Herrlichkeit zu erlangen. Er schenke ihr seine ganze Liebe, wie Christus der Kirche seine Liebe schenkt.

Für sie beide bitten wir dich, Herr: Laß Braut und Bräutigam reifen in ihrer Liebe und Treue. Hilf ihnen, deine Gebote zu erfüllen und in ihrer Ehe untadelig zu leben. Stärke sie durch die Kraft des Evangeliums zum Zeugnis für Christus.

(Den Kindern, denen sie das Leben schenken, seien sie als Eltern ein Vorbild. In Freude mögen sie die Kinder ihrer Kinder sehn).

Gewähre ihnen ein gesegnetes Alter und nimm sie auf in die Seligkeit der Heiligen in deinem Reiche. Darum bitten wir durch Jesus Christus, deinen Sohn, unsern Herrn und Gott, der in der Einheit des Heiligen Geistes mit dir lebt und herrscht in alle Ewigkeit.

Alle: Amen.

Möglichkeiten der Auswahl von Gebeten und Texten innerhalb der Trauungsmesse

Auch bei dieser Zusammenstellung der Texte und Gebete zur Trauungsmesse, aus denen man auswählen kann, sind die Vorschläge des Rituale bzw. des Meßbuches zugrunde gelegt worden. Auf die Zitation der verschiedenen Eröffnungs- und Kommunionverse wird verzichtet. Die angegebenen Textvarianten zeigen die Auswahlmöglichkeiten innerhalb der Trauungsmesse.

Tagesgebet

FORM A

Gott, unser Schöpfer und Vater, du hast die Ehe geheiligt und durch sie den Bund zwischen Christus und seiner Kirche dargestellt. Erhöre unser Gebet für dieses Brautpaar. Gib, daß sie die Gnade des Ehesakramentes, die sie im Glauben empfangen, in ihrem gemeinsamen Leben entfalten. Darum bitten wir durch Jesus Christus.

FORM B

Allmächtiger Gott, schon bei der Erschaffung des Menschen hast du die Lebensgemeinschaft von Mann und Frau gewollt. Blicke auf dieses Brautpaar, das den Ehebund schließen will. Laß sie einander zugetan sein ihr

Leben lang, damit sie, die in der Liebe Frucht bringen sollen, auch Zeugen deiner Güte werden. Darum bitten wir durch Christus, unseren Herrn.

FORM C

Erhöre, Herr, unsere Bitte, segne die Braut und den Bräutigam, die sich vor deinem Altar zur ehelichen Gemeinschaft verbinden, und gib, daß sie einander allezeit in Liebe und Treue beistehen. Darum bitten wir durch Jesus Christus.

FORM D

Allmächtiger Gott, segne diese Brautleute, die heute den Bund der Ehe schließen wollen. Laß sie wachsen in dem Glauben, den sie in dieser Feier bekennen, und führe auch die Kinder, die du ihnen schenkst, in die Gemeinschaft deiner Kirche. Darum bitten wir durch Jesus Christus.

Gabengebet

FORM A

Herr, unser Gott, nimm die Gaben an, die wir nach heiligem Brauch für diese Brautleute darbringen. Du hast sie zusammengeführt; bleibe ihnen nahe mit deiner Sorge und Liebe. Darum bitten wir durch Christus, unseren Herrn.

FORM B

Herr und Gott, voll Freude bringen wir unsere Gaben dar. Nimm sie an und beschütze in deiner väterlichen Liebe dieses Brautpaar, das du im Sakrament der Ehe vereint hast. Darum bitten wir durch Christus, unseren Herrn.

FORM C

Erhöre unser Gebet, o Gott, und nimm die Gaben an, die wir dir für die Neuvermählten darbringen. Durch diese Feier der heiligen Geheimnisse stärke ihre Liebe zueinander und zu dir. Darum bitten wir durch Christus, unseren Herrn.

Präfation

Mit der Präfation beginnt das Eucharistische Hochgebet. Die Einleitungsformel oder das einleitende Gebet lautet bei allen Textvarianten immer gleich:

Priester: Der Herr sei mit euch.
Alle: Und mit deinem Geiste.

Priester: Erhebet die Herzen.
Alle: Wir haben sie beim Herrn.

Priester: Lasset uns danken dem Herrn, unserm Gott.
Alle: Das ist würdig und recht.

FORM A (Die Würde der Ehe)

In Wahrheit ist es würdig und recht, dir, Vater im Himmel, zu danken und das Werk deiner Liebe zu rühmen. Denn du selber hast die Ehe gestiftet, du hast Mann und Frau durch das Band unlösbarer Gemeinschaft vereinigt, damit sie in Eintracht und Liebe miteinander leben. In deiner Weisheit ordnest du das Leben der Natur und das Leben der Gnade: du segnest den Bund der Ehe mit Fruchtbarkeit und berufst die Kinder, die zum irdischen Leben geboren sind, zur neuen Geburt in der Taufe durch unseren Herrn Jesus Christus. Durch ihn preisen wir dich in deiner Kirche und vereinen uns mit allen Engeln und Heiligen zum Hochgesang von deiner göttlichen Herrlichkeit:

FORM B (Die Ehe als Zeichen des Neuen Bundes)

In Wahrheit ist es würdig und recht, dir, Vater im Himmel, zu danken und das Werk deiner Liebe zu rühmen. Denn aus Liebe hast du mit deinem Volk den Neuen Bund geschlossen und uns erlöst durch den Tod und die Auferstehung deines Sohnes, damit wir Anteil erhalten an seinem göttlichen Leben und mit ihm deine Herrlichkeit erben. Die eheliche Liebe hast du zu einem Zeichen dieses Bundes gemacht, um uns in diesem Sakrament das Wirken deiner Liebe zu bezeugen. Darum preisen wir dich in deiner Kirche und vereinen uns mit allen Engeln und Heiligen zum Hochgesang von deiner göttlichen Herrlichkeit:

FORM C (Die eheliche Liebe als Zeichen der Liebe Gottes)

In Wahrheit ist es würdig und recht, dir, allmächtiger Vater, zu danken und das Werk deiner Gnade zu rühmen. Denn du hast den Menschen als Mann und Frau erschaffen und ihren Bund zum Abbild deiner schöpferischen Liebe erhoben. Die du aus Liebe geschaffen und unter das Gesetz der Liebe gestellt hast, die verbindest du in der Ehe zu heiliger Gemeinschaft und gibst ihnen Anteil an deinem ewigen Leben. So heiligt das Sakrament der Ehe den Bund der Gatten und macht ihn zu einem Zeichen deiner göttlichen Liebe durch unseren Herrn Jesus Christus. Durch ihn preisen dich deine Erlösten und singen mit den Chören der Engel das Lob deiner Herrlichkeit:

Schlußgebet

Das Schlußgebet beendet den Gottesdienst. Danach folgt nur noch der Schlußsegen und die Entlassung.

FORM A

Wir danken dir, guter Gott, für diese Stunde, in der du N. und N. als Mann und Frau für immer verbunden hast. Bleibe bei ihnen. Begleite sie auf ihrem Weg. Sei du im Dunkeln ihr Licht, in der Mühe ihre Kraft, in der Erschöpfung ihre Rast und alle Tage ihr Ziel, in dem sie das Glück und den Frieden finden. Darum bitten wir durch Christus, unseren Herrn.

FORM B

Wir danken dir, Herr, unser Gott, daß du N. und N. füreinander erschaffen und heute im Sakrament der Ehe unauflöslich verbunden hast. Bleibe der Gott ihres Lebens und ihrer Liebe. Gib, daß sie in ihrer Ehe einander mit deiner Freude beschenken und in deinem Frieden leben dürfen von Tag zu Tag, von Jahr zu Jahr. Darum bitten wir durch Christus, unseren Herrn.

FORM C

Gott, du stehst in Treue zu deinem Wort. Begleite diese Brautleute auf ihrem Lebensweg. Du hast sie im Bund der Ehe vereint; stärke und entfalte ihre Liebe, damit sie einander in Treue verbunden bleiben. Darum bitten wir durch Christus, unseren Herrn.

FORM D

Gott, unser Vater, sieh gnädig auf dieses Paar, das nun im Sakrament der Ehe verbunden ist. Gib, daß sie dir und einander treu bleiben und den Menschen deine Güte verkünden. Darum bitten wir durch Christus, unseren Herrn.

FORM E

Allmächtiger, ewiger Gott, mache das Sakrament, das wir empfangen haben, in den Neuvermählten wirksam und laß uns alle aus dem heiligen Opfer Kraft schöpfen für unser Leben. Darum bitten wir durch Christus, unseren Herrn.

Schlußsegen

Der Schlußsegen beschließt den gesamten Gottesdienst und ist allen anwesenden Mitfeiernden zugedacht. Er kann gerade bei Hochzeiten besonders feierlich sein:

Im Wortgottesdienst:

Gott, der allmächtige Vater, bewahre euch in seiner Liebe, und der Friede Christi wohne stets in eurem Hause.
(*Alle:* Amen.)
Gott segne euch (in euren Kindern) alle Tage eures Lebens, er gebe euch treue Freunde und den Frieden mit allen Menschen.
(*Alle:* Amen.)
Seid in der Welt Zeugen der göttlichen Liebe und hilfsbereit zu den Armen und Bedrückten, damit sie euch einst in den ewigen Wohnungen empfangen.
(*Alle:* Amen.)
Und euch alle, die ihr zu dieser Feier versammelt seid, segne der allmächtige Gott, der Vater und der Sohn + und der Heilige Geist.
Alle: Amen.

FORM A

Gott, der allmächtige Vater, segne euch (in euren Kindern) und behüte euch; er schenke euch seine Freude.
(*Alle:* Amen.)

Der Sohn Gottes, unser Herr Jesus Christus, bleibe euch nahe und stärke euch alle Tage eures Lebens.
(*Alle:* Amen.)
Der Heilige Geist wohne in euren Herzen und entzünde in euch das Feuer seiner Liebe.
(*Alle:* Amen.)
Und euch alle, die ihr zu dieser Feier versammelt seid, segne der allmächtige Gott, der Vater und der Sohn + und der Heilige Geist.
Alle: Amen.

FORM B

Der allmächtige Gott segne euch durch das Wort seines Mundes und vereine eure Herzen durch das unvergängliche Band reiner Liebe.
(*Alle:* Amen.)
Seid gesegnet in euren Kindern, und die Liebe, die ihr ihnen erweist, sollen sie euch hundertfach vergelten. Der Friede Christi wohne allezeit in euren Herzen und in eurem Hause.
(*Alle:* Amen.)
Wahre Freunde mögen euch in Freude und Leid zur Seite stehn. Wer in Not ist, finde bei euch Trost und Hilfe, und der Segen, der den Barmherzigen verheißen ist, komme reich über euer Haus.
(*Alle:* Amen.)
Gesegnet sei eure Arbeit, und ihre Frucht bleibe euch erhalten. Die Sorge soll euch nicht quälen noch der Glanz des Irdischen euch verführen, sondern euer Herz gedenke allezeit der Schätze, welche bleiben zum ewigen Leben.
(*Alle:* Amen.)
Der Herr führe euch zu hohen Jahren und schenke euch die Ernte eures Lebens. Und nachdem ihr seinem Reich in Treue gedient habt, nehme er euch auf in seine ewige Herrlichkeit.
(*Alle:* Amen.)
Das gewähre euch der dreieinige Gott, der Vater und der Sohn + und der Heilige Geist.
Alle: Amen.

Andere Texte für den Gebrauch im Gottesdienst

Mit dem Trauungsspruch, den verschiedenen Textvarianten des Trauritus und der Messe sowie den Bibelstellen zur Schriftlesung sind die Möglichkeiten, den Gottesdienst textlich zu gestalten, noch nicht erschöpft. Denn auch nichtbiblische Texte, wie Parabeln, Geschichten oder Teile aus Märchen, Gedichte, Meditationsgedanken u. v. a. m., können an bestimmten Stellen im Gottesdienst „eingebaut" werden. An folgenden Punkten ist dies am besten möglich:

- zu Beginn des Gottesdienstes
- nach dem Kommunionempfang
- am Schluß des Gottesdienstes

Nicht überall wird es dem Brautpaar erlaubt werden, statt der biblischen Schriftlesung irgendeinen (wenngleich auch religiös geprägten oder interpretierbaren) Text zu nehmen. Sicher sollte dies – wie oben bereits gesagt – die Ausnahme sein. Doch kann es für ein Brautpaar Gründe geben, die es einen nichtbiblischen Text vorziehen läßt. Sind diese Gründe dem Geistlichen plausibel und einsichtig, wird er wohl nicht auf allen (sicher sehr bedeutenden) Lesungen aus der Heiligen Schrift bestehen, sondern dem Wunsch entsprechen. Wie solche Texte aussehen können, zeigen die nachfolgenden Beispiele; jedoch ist die Zahl geeigneter Texte, aus denen man schöpfen kann, um vieles größer als hier angedeutet.

Einstieg beim Gottesdienst

Versammelt im Gotteshaus, richten wir uns nach dir, Herr, aus. Wir stehen hier nie ohne Schuld und Versagen. Du aber nimmst uns dennoch auf. Was haben wir dir anzubieten? Daß wir den Weg hierhin machten, dein Dienst uns nicht Pflicht, sondern Freude ist. Daß wir Hunger haben nach dem Leben der Kirche. Hier wird ja weiter der Tisch deines Wortes, das Mahl deines Sohnes für uns gedeckt. Hier vollzieht sich zeichenhaft weiter, daß Jesus sein Leben einst mit uns teilte. Hier tränkst du die Furchen des guten Willens, schaffst gute Saat auf bereitete Erde. Hier schenkst du Fruchtbarkeit, wie wir sie selber nicht schaffen. Teile uns wieder das tägliche Brot deiner Verbundenheit, deines Segens! Wir stehen hier nicht nur für uns, sondern bitten für alle Menschen durch deinen menschgewordenen Sohn.

Winfrid Schiffers[14]

Bleibe an meiner Seite auf meiner Wegstrecke, die ins Ungewisse führt.

Bleibe an meiner Seite, bis ich selbst das Ziel erkennen kann.

Du mein Freund bleibe an meiner Seite,
bis ich morgen meinen Weg allein gehe.

Bleibe an meiner Seite, und ich werde übermorgen dich begleiten.

Margot Bickel[15]

Familie

Ort der Gespräche
Ort des Schweigens
Ort der Konflikte
Ort der Versöhnung
Ort des Kampfes
Ort des Friedens
Ort des Mißtrauens
Ort des Vertrauens
Ort des Mißverstehens
Ort des Verstehens
Ort der Verkümmerung
Ort der Entfaltung
Ort der Lüge
Ort der Wahrheit
Ort der Trennung
Ort der Vereinigung
Ort des Hasses
Ort der Liebe
Ort der Erstarrung
Ort der Veränderung
Ort des Scheins
Ort des Seins
Ort Gottes
Ort des Menschen

Martin Gutl[16]

Die Predigt des Baumes

Ich bin ein Baum. Ich verbünde mich täglich mit meinen Wurzeln. Ich rage in die Höhe. Aus dem Innern der Erde hole ich mir die Kraft zum Leben. Ich atme mit meinen Blättern. Ich strecke mich, ich dehne mich, ich weite mich. Die Wurzeln verankern mich. Ich ruhe in meinen Wurzeln; ich danke der Mutter Erde. Viele bestaunen meinen Wuchs, meine Höhe, mein Alter. Was wäre ich ohne die Mutter Erde, die mich mit Salzen versorgt? Die Menschen sehen unruhig zu mir auf. Sie haben keine Zeit, ihre Wurzeln zu pflegen, zu spüren, zu lieben.

Martin Gutl[17]

Miteinander

Zu einem Menschen stehen, in allen Konflikten einen Weg suchen. Keiner triumphiert, und keiner unterliegt. Sich gemeinsam der Stille anvertrauen. Zwei Menschen, die dem Grund sich nähern. Einander täglich fraglos annehmen. Mit den Alpträumen der Angst fertig werden. Einander das Wachsen erlauben, miteinander lernen, Menschen zu werden. Einander lieben, nicht nur einander achten und schätzen aufgrund von Leistungen und Vermögen. Einander im Alltag lieben, das ist Missa sine nomine, namenloser Gottesdienst!

Martin Gutl[18]

Der Traum

Ein junger Mann hatte einen Traum:
Er betrat einen Laden. Hinter der Ladentheke sah er einen Engel. Hastig fragte er ihn: „Was verkaufen Sie, mein Herr?" Der Engel gab freundlich Antwort: „Alles, was Sie wollen." Der junge Mann sagte: „Dann hätte ich gerne:
das Ende der Kriege in aller Welt,
bessere Bedingungen für die Randgruppen der Gesellschaft,
Beseitigung der Elendsviertel in Lateinamerika,
Arbeit für alle Arbeitsuchenden,
Ausbildungsplätze für Jugendliche, und, und..."
Da fiel ihm der Engel ins Wort und sagte: „Entschuldigen Sie, junger Mann, Sie haben mich verkehrt verstanden. Wir verkaufen keine Früchte hier, wir verkaufen nur den Samen."

Du darfst vertrauen

Eines Nachts hatte ein Mann einen Traum.
Er träumte, er würde mit Christus am Strand entlangspazieren. Am Himmel über ihnen erschienen Szenen aus seinem Leben. In jeder Szene bemerkte er zwei Paar Fußabdrücke im Sand, eines gehörte ihm, das andere dem Herrn.
Als die letzte Szene vor ihm erschien, schaute er zurück zu den Fußabdrücken und bemerkte, daß sehr oft auf dem Weg nur *ein* Paar Fußabdrücke im Sand zu sehen war. Er stellte ebenfalls fest, daß dies gerade während der Zeiten war, in denen es ihm am schlechtesten ging.
Das wunderte ihn natürlich, und er fragte den Herrn: „Herr, du sagtest mir einst, daß ich mich entscheiden sollte, dir nachzufolgen; du würdest jeden Weg mit mir gehen. Aber ich stellte fest, daß während der beschwerlichsten Zeiten meines Lebens nur *ein* Paar Fußabdrücke zu sehen ist. Ich verstehe nicht, warum! Wenn ich dich am meisten brauchte, hast du mich allein gelassen."
Der Herr antwortete: „Mein lieber, lieber Freund, ich mag dich so sehr, daß ich dich niemals verlassen würde. Während der Zeiten, wo es dir am schlechtesten ging, wo du auf Proben gestellt wurdest und gelitten hast, wo du nur *ein* Paar Fußabdrücke siehst – es waren die Zeiten, wo ich dich getragen habe."

aus Taizé

Christus hat keine Hände

Christus hat keine Hände, nur unsere Hände, um seine Arbeit heute zu tun. Er hat keine Füße, nur unsere Füße, um Menschen auf seinen Weg zu führen. Christus hat keine Lippen, nur unsere Lippen, um Menschen von ihm zu erzählen. Er hat keine Hilfe, nur unsere Hilfe, um Menschen an seine Seite zu bringen.
Wir sind die einzige Bibel, die die Öffentlichkeit noch liest. Wir sind Gottes letzte Botschaft, in Taten und Worten geschrieben...
Und wenn die Schrift gefälscht ist, nicht gelesen werden kann? Wenn unsere Hände mit anderen Dingen beschäftigt sind als mit den seinen? Wenn unsere Füße dahin gehen, wohin die Sünde zieht? Wenn unsere Lippen sprechen, was er verwerfen würde? Erwarten wir, ihm dienen zu können, ohne ihm nachzufolgen?

aus dem 14. Jahrhundert

Für dich und mich

Einmal werde ich einen Freund finden, der zu mir hält, der auf mich wartet, wenn ich nicht da bin, der noch da ist, wenn ich heimkehre. Er hat Zeit, wenn ich ihn brauche. Er kann zuhören. Er kann verstehen. Er kann wahrnehmen.

Einmal werde ich einen Freund finden, der mir Freiheit schenkt, der mich sein läßt, wie ich bin, der die Freundschaft nicht an Bedingungen knüpft. Er sorgt sich um mich. Er verzeiht mir. Er versteht mich. Er ist wahrhaftig. Meine Schwächen sagt er mir: behutsam und einfühlsam. Seine Hoffnungen teilt er mir mit. Seine Freundschaft will ich erwidern.

Wenn du einen solchen Freund suchst, dann versuche, dieser Freund für ihn zu sein.

Manfred Frigger[19]

Liebesdank

Ich will Liebe schenken, weil ich Liebe fand. Er hat mir das Ohr geneigt, so neig' ich mein Herz. Tod und Hölle, Angst und Qual sah ich unter mir. Da hat voll Erbarmen mir Gott das Heil gebracht. Nun hat meine Seele Ruh, und das Auge lacht.

Winfrid Schiffers[20]

Liebe

Wenn man das Wort Liebe im Sinn der Sexfilme verwendet, hält das alle Welt für normal. Wenn man es in seinem wahren Sinn gebraucht, gilt man heutzutage als hoffnungslos verrückt oder als ein naiver Träumer, den man nicht ernst nehmen kann.

Phil Bosmans[21]

Trauring: schön zu tragen, schwer zu tragen

Trauring: Zeichen der Liebe und Treue. Liebe und Treue können in Sturm geraten. Es können Tage kommen, da geht's nicht mehr, da geht nichts mehr. Durch Dummheit und Versagen ist ein Bruch entstanden. Durch den Riß dringt die Nacht in dein Herz und dein Haus. Dann gibt es nur noch einen Ausweg, nur eine Öffnung zum Licht: Vergebung!

Phil Bosmans[22]

Fürbitten

Nach der Segnung der Neuvermählten folgt das große Gemeindegebet (oratio fidelium), das weithin unter der Bezeichnung „Fürbitten" bekannt ist. Damit schließt der Wortgottesdienst, falls eine Eucharistiefeier folgt.
Das Fürbittgebet soll auf alle Fälle mindestens eine auf die Neuvermählten bezogene Bitte enthalten, doch nicht allein auf sie beschränkt bleiben. Sowohl die Eltern, Geschwister und Verwandten als auch Freunde und Bekannte dürfen, ja sollen in das fürbittende Gebet eingeschlossen werden. Es können auch eher allgemein gehaltene Bitten, die das kirchliche Leben oder das Eheleben überhaupt betreffen, gesprochen werden.
Es entspricht dem heutigen Gemeindeverständnis, wenn die verschiedenen Bitten nicht nur vom Geistlichen, sondern auch von den Eltern, Verwandten oder Freunden „vor Gott gebracht" werden; ebenso kann auch das neuvermählte Paar die eine oder andere Bitte selbst sprechen.
Wer nun die Fürbitten selbst zusammenstellen möchte, sollte darauf achten, den Anruf und den Gemeindevers sinnvoll aufeinander abzustimmen; d. h.: falls der Anruf lauten soll: „Gott, unser Vater, wir bitten dich für...", so kann die Gemeinde die Fürbitte mit dem Ruf: „Wir bitten dich, erhöre uns" mittragen. Ist die Bitte an Jesus Christus gerichtet, beispielsweise mit dem Anruf: „Lasset uns zu unserem Herrn Jesus Christus beten für...", so kann die Antwort der Gemeinde lauten: „Christus, erhöre uns."
In den meisten Fällen ist den Bitten ein einleitendes Gebet vor- und ein abschließendes Gebet nachgestellt, das in der Regel vom Zelebranten gesprochen wird.
In den folgenden Abschnitten sind einige konkrete Beispiele und Vorschläge gemacht, die in ihrer Form oder in einer anderen Zusammenstellung übernommen werden können.

FÜRBITTEN 1

Zelebrant:
Jesus Christus ist der Bruder und Freund der Menschen; er weiß um einen jeden von uns und kennt die Wünsche unseres Herzens. Ihn bitten wir an diesem Hochzeitstag:

- Begleite N. und N. auf ihrem gemeinsamen Weg mit deiner Gnade und bewahre sie im Glauben und in der Treue.

Vorbeter: Christus, höre uns.

Alle: Christus, erhöre uns.

- Laß die beiden miteinander Freude und Glück erfahren, (das Leben an ihre Kinder weitergeben) und anderen Menschen Hoffnung und Hilfe schenken.
- Vergilt den Eltern, Freunden und Verwandten alles Gute, das sie den Brautleuten bis heute erwiesen haben, und erhalte Ehrfurcht und Liebe zwischen den Generationen.
- Schenke allen Menschen den Frieden des Herzens und gib ihnen Mut, für Gerechtigkeit und Frieden einzutreten.
- Hilf denen, die allein oder vereinsamt sind, nicht zu verbittern, sondern aufs neue Gemeinschaft zu suchen.

Zelebrant:
Herr, unser Gott, du willst das Glück der Menschen. Dafür preisen wir dich in dieser Stunde und zu allen Zeiten in der Einheit des Heiligen Geistes durch Christus, unseren Herrn.

Alle: Amen.

FÜRBITTEN 2

Zelebrant:
Unser Herr Jesus Christus liebt die Menschen und will, daß ihr Leben unter seinem Anspruch und Zuspruch gelingt. Darum bitten wir ihn:

- Daß N. und N. ein Leben lang in Liebe und Treue zueinander stehen.

Vorbeter: Jesus Christus, Heiland der Welt.

Alle: Wir bitten dich, erhöre uns.

- Daß sie in Stunden der Einsamkeit oder der Enttäuschung in der gegenseitigen Liebe feststehen oder wieder aufeinander zugehen.
- Daß alle Ehepartner sich gegenseitig helfen, daß jeder seine eigenen Fähigkeiten entfalten kann und so das gemeinsame Leben bereichert.
- Daß die verheirateten Christen auch außerhalb ihrer Familie im gesellschaftlichen und sozialen Bereich Verantwortung übernehmen.
- Daß alle Ehepaare auf den Anspruch und Zuspruch seines Geistes in ihrem Alltagsleben eingehen.

Zelebrant:
Allmächtiger Gott, dein Sohn hat gesagt: Bittet, und ihr werdet empfangen. Wir sind ihm gefolgt und haben unsere Bitten ausgesprochen. So haben wir das feste Vertrauen, daß du uns erhörst durch ihn, Christus, unseren Herrn.

Alle: Amen.

FÜRBITTEN 3

Zelebrant:
Im Namen unseres Herrn Jesus Christus versammelt, wenden wir uns voll Vertrauen an unseren Fürsprecher beim Vater im Himmel.

– Wir bitten für N. und N., die sich heute im Sakrament der Ehe einander anvertrauen, daß sie in der Treue feststehen und in Liebe füreinander da sind.

Vorbeter: Herr, erhöre uns.

Alle: Erhöre uns, o Herr.

– Wir bitten für alle Ehepaare, daß sie die Liebe des anderen nie als selbstverständlich hinnehmen, sondern immer neu als Geschenk verstehen.
– Wir bitten für die verschiedenen Generationen – für Kinder, Eltern und Großeltern –, daß sie offen sind füreinander, die Eigenheiten jedes Lebensalters achten und einander beistehen.
– Wir bitten für unsere Gemeinde und die Kirche überall, daß sie Geborgenheit und Hilfe bietet für die Brautleute, die Familien, die Alleinerziehenden und die Alleinstehenden.

Zelebrant:
Denn in deinem Kommen, Herr Jesus Christus, hat Gott uns seine Treue erwiesen. Durch dich preisen wir den Vater in der Einheit des Heiligen Geistes, jetzt und in Ewigkeit.

Alle: Amen.

FÜRBITTEN 4

Lasset uns beten:
– Für diese Eheleute, daß Gott ihre Liebe heilige und die beiden in unverbrüchlicher Treue erhalte; daß er ihnen Kraft schenke, einander mit

Geduld beizustehen und ihre Ehe im Glauben an seine Verheißung zu führen.

Vorbeter: Herr, erbarme dich.

Alle: Herr, erbarme dich.

- Für alle Ehepaare, daß Gott sie in guten und bösen Tagen geleite und in ihrer Arbeit segne; daß er sie vor Kleingläubigkeit und Engherzigkeit bewahre.
- Für die Kirche, daß Gott die Einheit in ihr wachsen lasse; daß er allen Christen beistehe, ein Leben treu dem Evangelium zu führen und so der Einheit den Weg zu bereiten.
- Für uns, die wir hier versammelt sind, daß Gott uns lehre, die Freiheit und das Gewissen anderer zu achten; daß er den Eheleuten die Kraft gebe, gemeinsam ihre Kinder im christlichen Glauben zu erziehen.

Zelebrant:
Darum bitten wir dich, gütiger Gott und Vater, durch unseren Herrn Jesus Christus. Durch ihn sei dir Ehre und Preis, Lob und Dank in der Einheit des Heiligen Geistes, jetzt und in Ewigkeit.

Alle: Amen.

ALTERNATIVVORSCHLAG A[23]

Gott, unser Vater, zu dir beten wir voll Vertrauen:

- Für diese Brautleute, daß sie glücklich werden in ihrer Ehe, daß sie ihr Leben miteinander in Freude teilen, daß ihre Liebe wachse durch all die Jahre ihres gemeinsamen Lebens und daß sie auch in den Stunden der Einsamkeit und Enttäuschung füreinander da sind und immer wieder neu zueinander finden.

Alle: Wir bitten dich, erhöre uns.

- Für alle, die diese beiden Menschen auf ihrem bisherigen Lebensweg begleitet haben, für ihre Eltern, die ihnen das Leben gaben, für ihre Familien, in denen sie aufwuchsen, für alle, die ihnen in Freundschaft verbunden sind, und für alle, die den Glauben an deine Güte in sie hineingepflanzt haben, daß wir alle in diesem Glauben bleiben und in der Liebe Jesu Christi – ein Leben lang.

Alle: Wir bitten dich, erhöre uns.

- Für alle Eheleute, die es schwer miteinander haben, die sich fremd geworden sind und die mit der Enttäuschung ringen, daß sie nicht aufhören, einander zu suchen, daß sie Verständnis und Geduld füreinander aufbringen und um unser aller Erfahrung wissen, daß unser Leben immer wieder nach einem neuen Anfang verlangt.

Alle: Wir bitten dich, erhöre uns.

- Für die verstorbenen Angehörigen dieser Brautleute, daß sie bei dir ihren Frieden und ihre ewige Heimat finden.

Alle: Wir bitten dich, erhöre uns.

So können wir voller Hoffnung bitten, weil du uns deine Nähe zugesagt hast.

Alle: Amen.

ALTERNATIVVORSCHLAG B[24]

Lasset uns beten zu Gott, unserem Vater, der die Liebe ist.

Brautleute: Laß unsere Liebe durch all die Jahre unseres Lebens wachsen, damit wir auch in schwierigen Situationen zueinander stehen und uns immer wieder aufeinander verlassen können.

Alle: Herr, erhöre uns.

Eltern: Gib unseren Kindern Mut und Kraft, nicht nur das eigene Glück zu suchen, sondern auch für die Sorgen und Nöte anderer dazusein.

Alle: Herr, erhöre uns.

Freunde: Laß ihre Wohnung zu einem Ort des Friedens und der Aufgeschlossenheit werden für alle, die zu ihnen kommen.

Alle: Herr, erhöre uns.

Brautleute: Laß alle an unserer Freude teilhaben, die uns bisher treue Wegbegleiter waren: unsere Eltern, Geschwister, Freunde und Kollegen, und laß uns mit ihnen weiterhin verbunden bleiben.

Alle: Herr, erhöre uns.

Herr, unser Gott, es ist dein Werk, wenn es in der Welt Liebe gibt und Menschen in Liebe zueinander finden. Wir bitten dich: Öffne unser Herz für das Wort der Liebe, für die Botschaft deines Sohnes.

Alle: Amen.

Selbstverständlich können Fürbitten im Anliegen der Brautleute oder deren Angehörigen auch frei formuliert werden. Man ist dabei nicht unbedingt an ein vorgegebenes Schema gebunden. Die vorgegebenen Muster sind nur als Hilfestellung bzw. Empfehlung gedacht.
In den meisten Fällen wird es so sein, daß die Antwort „Wir bitten dich, erhöre uns“ oder „Christus, höre uns“ gesprochen wird. Sollen die Fürbittrufe jedoch von der Gemeinde gesungen werden, so finden sich im „Gotteslob“ unter Nr. 358, 1–3 drei Vorschläge.

Auswahl- und Gestaltungsmöglichkeiten bei Musik und Liedern

Musikalische Gestaltungsmöglichkeiten

Wie schon den Ausführungen in Kapitel „Formen der Eheschließung“ zu entnehmen war, sind es im besonderen Lieder und Instrumentalmusik, die innerhalb des Trauungsgottesdienstes großen Raum einnehmen. Das bedeutet, daß das Brautpaar auch hier große Auswahl- und Gestaltungsmöglichkeiten hat. Die Varianten sind zwar nicht so vielfältig wie bei profaner Musik und allgemeinem Liedgut, doch gibt es neben der Kirchenorgel und den Liedern aus dem Gebet- und Gesangbuch „Gotteslob“ noch einiges andere mehr.

Instrumentalmusik

An folgenden Stellen innerhalb des Trauungsgottesdienstes kann Instrumentalmusik gespielt werden:

bei der Trauung mit Wortgottesdienst

- zum Einzug
- zwischen den Lesungen
- nach der Bestätigung der Vermählung
- vor dem Vaterunser
- nach dem Vaterunser
- zum Auszug

bei der Trauung mit Meßfeier

- (wie oben, ohne „vor und nach dem Vaterunser")
- zur Gabenbereitung
- während des Kommunionempfangs
- nach der Kommunion

Nun folgen einige Beispiele, wie man die einzelnen Elemente ausgestalten kann. Bei der Gottesdienstvorbereitung sollte man sich (frühzeitig) mit dem zuständigen Kirchenorganisten und/oder mit jener Freundin bzw. jenem Freund, der auf der Orgel spielen wird, in Verbindung setzen, um Wünsche und Möglichkeiten abzustimmen.

Musik zum Einzug

Besitzt die Kirche, in der die Trauung stattfindet, eine *Orgel,* so ist es meist üblich und oft der Wunsch der Brautpaare, daß diese auch erklingt. Je nach Musikgeschmack bieten sich hierzu viele Werke an, doch sollten alle Stücke festlichen Charakter haben. Bei der Orgelmusik zum Einzug ist es wichtig, auf die Länge des Stückes zu achten; es sollte möglichst nicht viel länger dauern, als bis alle – Brautpaar, Geistlicher und Festgemeinde – an ihren Plätzen sind.

BEISPIELE UND VORSCHLÄGE

- Buxtehude, Dietrich: Choralvorspiel „Nun bitten wir den Heiligen Geist" (ca. 2 ½ Min. Dauer)
- Krebs, Johann Ludwig: Choralvorspiel „Meinen Jesum laß ich nicht" (ca. 3 Min. Dauer)
- Krebs, Johann Ludwig: Choralvorspiel „Was Gott tut, das ist wohlgetan" (ca. 2 ½ Min. Dauer)

Selbstverständlich kann ein geübter und versierter Organist auch frei auf der Orgel improvisieren und dadurch dem Einzug einen feierlich-festlichen Charakter verleihen.

Sehr eindrucksvoll ist es, wenn sich *zur Orgel noch ein oder mehrere Instrumente* hinzugesellen. Sehr schön klingt das Orgelspiel zusammen mit einer Posaune, einem Saxophon oder einer Trompete.

- Charpenter, Marc-Antoine: Te Deum (Eröffnungsfanfare) (knapp 2 Min. Dauer)
- Clarke, Jeremiah: Trumpet Voluntary (ursprünglich Purcel zugeschrieben) (ca. 3 Min. Dauer)
- Stanley, John: Trumpet Tune (knapp 3 Min. Dauer)

Daneben gibt es auch noch andere Möglichkeiten, den Einzug des Brautpaares in die Kirche feierlich zu umrahmen. So kann beispielsweise eine Bläsergruppe eine adäquate Einzugsmusik spielen. Die Kombination der einzelnen Instrumente kann dabei frei variieren. Am besten suchen sich die Musiker, die für die musikalische Ausgestaltung des Gottesdienstes gewonnen werden können, die Stücke selbst aus.
Eine andere Art der musikalischen Ausgestaltung ist es, wenn im Gottesdienst eine „Band" spielt, die mit Schlagzeug, E-Piano, Gitarren, Flöten etc. ausgestattet ist. Sie kann zum Einzug ein feierliches Instrumentallied spielen, das allerdings vom Stil her zur übrigen Musik und zu den Liedern der Trauung passen sollte.
Wenn ein Teil der Brautleute oder gar beide in einem Musikverein spielen und dieser für die musikalische Gestaltung der liturgischen Feier gewonnen werden kann, gibt das dem Gottesdienst wiederum ein eigenes Gepräge. So wurde bei einer Trauung auch schon die Ouvertüre des Musicals „Jesus Christ Superstar" gespielt. Man kann sich leicht vorstellen, welch ein Klangerlebnis es wohl gewesen sein muß, als ungefähr 50 Holz- und Blechbläser sowie Schlaginstrumentalisten in einer großen Kirche mit sehr guter Akustik spielten.

Musik zwischen den Lesungen

Zwischen den Lesungen bzw. zwischen den Lesungen und dem Evangelium sind ursprünglich Psalmen vorgesehen, die entweder (und dies leider meistens) gebetet, besser aber gesungen werden. Wenn nun der Gottesdienst schon gut mit Liedern und Gesängen ausgestaltet ist oder der Psalmengesang nicht sonderlich gefällt, dann kann an dieser Stelle beispielsweise auch eine kurze Stille gehalten werden.
Oder aber es wird Instrumentalmusik gespielt. Es bieten sich verschiedene Instrumente an, wobei – was die Kombinationen angeht – der Kreativität keine Grenzen gesetzt sind. So kann die „Königin der Instrumente" beispielsweise einen Solopart intonieren (Beispiele s. u.). Ebenso schön kann es sein, wenn nur mit Gitarre oder Flöte gespielt wird oder vom

E-Piano eine meditative Melodie erklingt. Beispiele, Vorschläge und Möglichkeiten sind viele vorhanden. Da jedoch die meisten Brautpaare nicht unbedingt auf Gitarristen, Bläser, andere Musiker oder gar eine Band zur Gestaltung ihres Trauungsgottesdienstes zurückgreifen können, sondern dafür meist nur der Kirchenorganist zur Verfügung steht, seien hier drei Beispiele für ein Zwischenspiel der Orgel genannt:

- Gounod, Charles / Bach, Johann Sebastian: „Ave Maria" (sehr bekanntes Marienlied)
- Krebs, Johann Ludwig: Fantasia sopra „Herr Jesus Christ, dich zu uns wend" (Choralvorspiel)
- Mozart, Wolfgang Amadeus: „Alleluja" aus „Exultate, Jubilate" (KV 165) (Teil aus einer Motette)

Musik nach der Bestätigung der Vermählung

Nachdem Braut und Bräutigam sich das Jawort gegeben und gegenseitig den Ring an den Finger gesteckt haben, sind sie nach kanonischem Recht rechtsgültig verheiratet. Daher wird nach der Bestätigung der Ehe eine kleine Zäsur gemacht, die meist durch ein kurzes Orgelsolo ausgestaltet ist. Aber auch hier gilt wie schon oben: Variationen durch andere Instrumente sind grundsätzlich möglich.
Eine andere Art der musikalischen Gestaltung, die bisher noch nicht erwähnt wurde, ist die Verwendung von Musik vom Tonband oder von der Kassette. Zwar ist ein solcher musikalischer Rahmen bei vielen Geistlichen nicht besonders beliebt, ja sogar verpönt, doch gibt es keinen (theo-) logischen Grund, der dagegenspricht. Denn auch mit der *„Musik aus der Konserve"* kann das Lob Gottes zum Ausdruck kommen. Dabei ist es nicht nur eine finanzielle Frage, ob (Kirchen-)Musiker spielen oder Musik vom Band läuft, sondern auch eine Frage des individuellen Geschmackes; nicht jedem Brautpaar gefällt Orgelmusik. Außerdem kann die von der Kassette oder vom Band abgespielte Musik auf alle Fälle auch aus den jüngsten Musikepochen stammen.
Was man bei der Wahl dieser Möglichkeit immer mit bedenken sollte, ist die Intention, die an dieser Stelle durch Musik oder Lieder deutlich werden soll: Es soll die Freude und der Dank über die Liebe und Gnade Gottes für das Sakrament der Ehe zum Ausdruck kommen. Dies beinhaltet daher aber auch, daß eben nicht jede moderne Musik dafür geeignet ist. Man sollte dieses Kriterium bei der Auswahl unter keinen Umständen außer acht lassen.

Musik vor und nach dem Vaterunser bzw. zur Gabenbereitung

Auch das Vaterunser, das bei der Trauung mit Wortgottesdienst im Mittelpunkt des vierten Teiles der Feier steht, kann von Musik umrahmt werden. Die Möglichkeiten der Gestaltung sind schon angesprochen worden. Doch sollte man zur Vermeidung von Eintönigkeit oder Langeweile etwas abwechseln: Wird vor dem Vaterunser eine Instrumentalmusik gespielt, ist es besser, nach dem Vaterunser ein Lied zu singen, oder umgekehrt. Aber auch hier sei wieder erwähnt: Eine Zeit der Stille bietet sich ebenfalls als Alternative an.
Zur Gabenbereitung, dem Beginn der Eucharistiefeier, wird in den allermeisten Pfarreien auch die Gabe der Gemeinde, die Kollekte (wörtlich: das Zusammengesammelte) eingesammelt. Wenn nicht schon Stille vorgesehen ist, scheint es sinnvoller, nur Instrumentalmusik erklingen zu lassen, als ein Lied zu singen, da fast alle Mitfeiernden durch das Suchen nach Geld vom Singen abgehalten werden.

Musik während und nach der Kommunion

Dieser Teil der Meßfeier ist besonders gut für instrumentale Musikbegleitung geeignet, da in den meisten Fällen viele Mitfeiernde die heilige Kommunion empfangen wollen und somit bei einem Lied nicht mitsingen könnten. Hier empfiehlt sich gerade meditatives Flöten- oder dezentes Gitarrenspiel. Der Satz „Erinnerungen" aus dem Musical „Cats" oder aus „Jesus Christ Superstar" die Arie der Maria Magdalena (z. B. auf der Querflöte gespielt) können den Kommunionempfang umrahmen. Aber auch eine eher leise Orgelimprovisation kann den Kommuniongang begleiten.

Musik zum Auszug

Der feierliche Auszug aus dem Gotteshaus bildet den Abschluß der Trauungsliturgie. Wird hierzu Musik gespielt, so sollte sie besonders festlich und feierlich sein. Da dies in einer Kirche besonders gut mit einer Orgel gelingt, sind die Beispiele auch auf die Orgel bezogen, wobei hier wiederum andere Gestaltungsmöglichkeiten mit anderen Instrumenten gegeben sind.

- Grison, Jules: Toccata für Orgel F-Dur
- Händel, Georg Friedrich: „Halleluja" aus „Der Messias"
- Widor, Charles-Marie: 5. Satz (Toccata) der Orgelsymphonie Nr. 5 F-Dur, op. 42, Nr. 1

Lieder zur Feier

Neben der reinen Instrumentalmusik können sich Brautleute für ihre Trauung auch Lieder zum Mitsingen auswählen. Dabei ist es möglich, daß dies Lieder sind, die von der ganzen Festgemeinde gesungen werden, oder Kompositionen, die ausschließlich von einigen wenigen vorgetragen werden. Die Gestaltungsmöglichkeiten sind in diesen Fällen unterschiedlich.

Lieder für bestimmte Gruppen

Die Gruppen, die mit Liedern den Gottesdienst gestalten können, sind der *Kirchenchor* einer Gemeinde oder die *Schola*. Es kann aber auch ein weltlicher Chor sein, den das Brautpaar „verpflichtet" hat. In vielen, meist größeren Pfarreien gibt es auch Pfarrjugendgruppen, die sich eine *Sing- oder Instrumentengruppe (Band)* aufgebaut haben, um in erster Linie Jugendgottesdienste zu gestalten. Falls Braut oder Bräutigam selbst Mitglied in einer solchen Gruppe sind oder waren, dürfte es sicher selbstverständlich sein, daß diese den Trauungsgottesdienst mitgestaltet. Oft ist es in einer Pfarrgemeinde auch möglich, den Kirchenchor, die Schola oder eine Jugendband für die Gestaltung der Meßfeier oder des Wortgottesdienstes zu gewinnen, ohne Mitglied zu sein.
Jede dieser Musikgemeinschaften hat ihren eigenen Stil, d. h.: sie singt und musiziert in unterschiedlicher Weise.
Ein *Kirchenchor* trägt zum Beispiel während des gesamten Kirchenjahres zur Gestaltung der Liturgie bei, vor allem bei hohen Festtagen wie Weihnachten, Ostern, Pfingsten, Pfarrfest und vielen anderen Anlässen. Er hat folglich ein ganz bestimmtes Repertoire. In den meisten Fällen kann der Kirchenchor verschiedene mehrstimmige Lieder singen. Viele Chöre singen auch lateinische Messen von berühmten Komponisten wie Mozart oder Haydn, die sich für eine Trauung mit Meßfeier eignen.
Auch die *Schola* einer Pfarrgemeinde ist während des ganzen Jahres aktive Mitgestalterin bei Gottesdiensten und kann auch zu Trauungen singen. Im Unterschied zu einem (Kirchen-)Chor besteht die Schola (meist) nur aus Männern, die oft einstimmige psalmierende Gesänge einstudiert haben. Nur wenige Scholen beherrschen das mehrstimmige Psalmensingen. Eine Schola ist aber gerade dann eine gute Alternative, wenn wie nach den Lesungen einige Antwortgesänge für Vorsänger und Gemeinde vorgesehen sind. Ihre Aufgabe ist es dann, die Melodie eines Kehrverses anzustimmen und ihn vorzusingen, so daß ihn die Gemeinde dann als Antwortgesang nachsingen kann.

Gesänge für Scholen und Gemeinde finden sich u. a. im „Gotteslob" (GL); einige Beispiele seien hier genannt:

- Choralmesse „de Angelis": GL Nr. 405–409
- Kyrie-Litanei: GL Nr. 495, 1–8
- Gloriagesang: GL Nr. 507
- Gemeindeverse zum Antwortpsalm: GL Nr. 527, 1–7; 528, 1–6; 529, 1–8
- Halleluja-Rufe: GL Nr. 530, 1–8; 531, 1–8; 532, 1–7
- Psalmen: GL Nr. 708–761
- Litaneien: GL Nr. 762–769

Jugendmusikgruppen, die in Pfarrgemeinden heute anzutreffen sind und meist in Jugend- oder Familiengottesdiensten spielen, besitzen wiederum ein anderes Liedgut als Kirchenchöre und Scholen. Ihre Musik und ihre Lieder stammen meist aus jüngster Zeit von zeitgenössischen Komponisten. Gerade solche Lieder und Gesänge können Zeugnisse eines „lebendigen" und „ansteckenden" Glaubens sein, die besonders Jugendliche und junge Erwachsene begeistert mitsingen. Durch sie kann oftmals etwas von dem, was besungen wird, spürbar werden, denn bei ihnen kann schon durch die Rhythmik „der Funke überspringen".

Lieder für die ganze Gemeinde

Gemeindelieder sind aus unseren Gottesdiensten heute nicht mehr wegzudenken. Die Zeit der sogenannten „Stillen Messen" ist vorbei. Durch die Gesänge und Lieder ist die Gemeinde dem Geschehen der Liturgie näher. In ihnen kommt der Glaube eines jeden und der ganzen Kirche zum Ausdruck.

Wie bei der Musik zum Gottesdienst, gibt es aber auch bei den Liedern und Gesängen eine gewisse Thematik, d. h.: nicht jedes Lied paßt zu jedem Teil der Liturgie. An folgenden Stellen im Gottesdienst können Lieder gesungen werden:

- zum Einzug
- als Kyrie-Ruf
- als Gloria
- als Antwortgesang zwischen den Lesungen bzw. Halleluja-Ruf
- nach der Bestätigung der Vermählung
- als Credo
- vor und nach dem Vaterunser
- zur Gabenbereitung

- als Sanctus
- als Agnus Dei
- als Danklied nach der Kommunion
- als Schlußlied vor der Entlassung

Im folgenden sollen einige Vorschläge gemacht werden, welche Lieder zu den einzelnen Passagen passen könnten. Bei weitem sind auch hier nicht alle Quellen kirchlichen Liedgutes ausgeschöpft; mit Sicherheit findet das eine oder andere Brautpaar noch weitere, vielleicht auch passendere Lieder. Bei dieser Zusammenstellung dient vor allem das „Gotteslob" als Grundlage und Quelle der Gemeindelieder, da es in (fast) jeder Gemeinde des deutschsprachigen Raumes in Gebrauch ist.

Lieder zum Einzug

Bei der Wahl der Lieder für den Beginn des Gottesdienstes kann man verschiedene Kriterien berücksichtigen. Entweder man nimmt ein Lied, das der Zeit im Kirchenjahr entspricht, oder man wählt einen Gesang, der dem Anlaß der Hochzeit oder der Intention des Brautpaares gerecht zu werden versucht.
Beispiele für die Berücksichtigung des Kirchenjahres sind:

- Advent:
  GL Nr. 110 „Wachet auf..."
  Willms/Edelkötter: „Alle Knospen springen auf..."
- Weihnachtliche Festzeit:
  GL Nr. 144 „Jauchzet, ihr Himmel..."
- Österliche Bußzeit (Fastenzeit):
  GL Nr. 165 „Sag ja zu mir..."
- Osterzeit:
  GL Nr. 220 „Das ist der Tag..."
  Meyer/Janssens: „Laßt uns miteinander..."
- Pfingstzeit:
  GL Nr. 241 „Komm, Heilger Geist, der Leben schafft..."
  GL Nr. 245 „Komm, Schöpfer Geist..."
  Willms/Janssens: „Der Himmel geht über allen auf..."
- Zeit im Jahreskreis:
  GL Nr. 261 „Den Herren will ich loben..."
  GL Nr. 270 „Komm herbei, singt dem Herrn..."
  GL Nr. 289 „Herr, deine Güt..."
  GL Nr. 294 „Was Gott tut..."

Zum Anlaß der Hochzeit gibt es eigentlich kaum besondere Lieder. Das Gebet- und Gesangbuch im deutschen Sprachraum „Gotteslob" kennt nur ein Lied, das originär zur Trauung gehört. Es ist Nr. 74: „Gott, der nach seinem Bilde..."

Die Gedanken, Gefühle und das Eheverständnis des Brautpaares können dagegen in Liedern leichter Ausdruck finden. Hierzu gibt es im „Gotteslob", aber auch in anderen Liedheften eine größere Auswahl.

Die festliche Stimmung kann durch festliche Gesänge zum Ausdruck kommen:

- GL Nr. 258 „Lobe den Herren, den mächtigen König der Ehren..."
- GL Nr. 474 „Nun jauchzt dem Herren, alle Welt..."
- Albrecht/Janssens: „Manchmal feiern wir mitten im Tag..."

Das Sakrament der Ehe ist ein Geschenk Gottes; es ein Leben lang zu leben, bedarf immer auch der Hilfe Gottes. Mit diesem Bewußtsein können auch folgende Lieder zu Beginn gesungen werden:

- GL Nr. 294 „Was Gott tut, das ist wohlgetan..."
- GL Nr. 621 „Ich steh vor dir mit leeren Händen, Herr..."
- Albrecht/Edelkötter: „Kleines Senfkorn Hoffnung..."

Es gibt sicher noch einige andere Aspekte und Kriterien, unter denen man Einzugslieder für eine Trauungsliturgie wählen kann. Allein wenn ein Lied besonders gefällt, ist dies Grund genug, es auch zu singen. Die Auswahl an Kirchenliedern, nicht nur aus dem „Gotteslob", ist recht groß. Manche Pfarreien haben auch neben dem allgemeinen Gesangbuch noch eigene Liedhefte; vor allem dann, wenn es in der Pfarrgemeinde eine Jugendmusikgruppe gibt. Hierin finden sich oft modernere und rhythmischere Gesänge.

Lieder als Kyrie-Ruf

Die Möglichkeit, bei den Liedern als Kyrie-Ruf auszuwählen, ist relativ beschränkt, da bei den Kyrie-Rufen kaum eine textliche Variation möglich ist. Das dreimalige „Herr (Christus), erbarme dich!" sollte doch in jedem Lied vorkommen, damit der Sinn dieses Liedes (Anrufung des Kyrios, des Herrn Jesus Christus) gewahrt bleibt. Ausnahmen sind selbstverständlich möglich. Als Beispiele können genannt werden:

- GL Nr. 495 „Herr Jesus, Sohn des lebendigen Gottes..."
  (in den Strophen 1 bis 8 sind Auswahlmöglichkeiten je nach der Zeit des Kirchenjahres bzw. zu bestimmten Themen gegeben)

- GL Nr. 485 „Der in seinem Wort uns hält..."
- GL Nr. 160 „Bekehre uns, vergib die Sünde..."
- Peter Janssens: „Herr, erbarme dich", aus: „Ein Halleluja für dich"

Gloria-Lieder

Das Gloria wird „an den Sonntagen außerhalb der Advents- und Fastenzeit, an Hochfesten, Festen und bei anderen festlichen Gottesdiensten" gebetet oder gesungen. An die Stelle des Gloria-Textes „Ehre sei Gott in der Höhe..." kann auch ein diesem Lobgesang entsprechendes Lied treten. Dabei soll das Lied dem Text des Gloria möglichst nahekommen; es sollte auf jeden Fall festlichen, lobpreisenden Charakter haben.

- GL Nr. 476 „Dir Gott im Himmel Preis und Ehr. ."
- GL Nr. 464 „Gott in der Höh sei Preis und Ehr..."
- Hodes, Karlheinrich: „Ehre sei Gott, Ehre sei Gott..." (Kanon zu 5 Stimmen)

Antwortgesänge und Halleluja-Rufe

Seinen Platz hat der Antwortgesang nach der ersten Lesung oder zwischen den beiden Lesungen, falls zwei Texte vorgetragen werden. Häufig ist im gleichen Sinn auch vom Zwischengesang oder Antwortpsalm die Rede; zumeist sind es Psalmen, die im Antwortgesang gebetet oder gesungen werden (vgl. GL Nr. 355, 2).
Hat eine Gemeinde einen Kantor (= Vorsänger), kann er an dieser Stelle der Liturgie mitwirken. Der Anwortgesang hat u.a. die Aufgabe, den in der Lesung gehörten Text zu vertiefen und zu verinnerlichen, und er ist Danksagung für das von Gott geschenkte Wort.
Es kann hier auch ein Lied gesungen werden. Die Auswahl ist so vielfältig, daß der Verweis auf die Psalmen (GL Nr. 708–761) und zwei Liedbeispiele genügt:

- GL Nr. 259 „Erfreue dich, Himmel, erfreue dich, Erde..."
- GL Nr. 517 „Herr Jesus, öffne unseren Mund..."

Der Halleluja-Ruf ist die Aufforderung an die Gemeinde, Gott zu loben und zu preisen, und soll auf das darauffolgende Evangelium einstimmen. Auch hier kann der Kantor mitwirken, indem er den Halleluja-Ruf vorsingt. Die Gemeinde wiederholt ihn, der Kantor rezitiert einen (den) wichtigen Vers aus dem Evangelium, und alle singen den Halleluja-Ruf gemeinsam zum Abschluß. Wiederum ist es möglich, statt des Halleluja-Rufes (GL Nr. 530, 1–8; 531, 1–8; 532, 1–7 u.a.m.) ein Lied zu singen:

- GL Nr. 521 „Herr, gib uns Mut zum Hören..."
- GL Nr. 623 „Worauf sollen wir hören..."
- Taizé-Halleluja

Lieder nach der Bestätigung der Vermählung

Nachdem der Priester (Diakon) die Trauung mit den Worten: „Sie aber und alle, die zugegen sind, nehme ich zu Zeugen dieses heiligen Bundes..." bestätigt hat, kann ein Musikstück oder aber auch ein Lied folgen. An dieser Stelle der Liturgie ist der Trauritus beendet, und es bietet sich an, ein Lob- oder Danklied zu singen:

- GL Nr. 261 „Den Herren will ich loben..."
- GL Nr. 267 „Nun danket all und bringet Ehr..."
- „Gottes Liebe ist wie die Sonne, sie ist immer und überall da..."

Credo-Lieder

Soll das Glaubensbekenntnis (Credo) nicht gebetet, sondern gesungen werden, sind folgende Gesänge/Lieder dafür geeignet:

- GL Nr. 423 „Credo in unum Deum..." (lat. Choral)
- GL Nr. 467 „Wir glauben an den einen Gott..."
- GL Nr. 489 „Gott ist dreifaltig einer..."

Lieder vor und nach dem Vaterunser

Wird die Trauung innerhalb eines Wortgottesdienstes gefeiert, können Lieder das große Gemeindegebet, das Vaterunser, umschließen. Dieses Gebet ist allen christlichen Kirchen gemeinsam, da es nach dem Lukasevangelium (Lk 11, 1–4) auf die Frage seiner Jünger nach dem richtigen Beten von Christus Jesus selbst gesprochen wurde. Daher kann es bei der Wahl der Lieder, die vor und nach dem Vaterunser gesungen werden, angebracht sein, den gemeinsamen Glauben aller christlichen Konfessionen an den einen Herrn herauszustellen.

- GL Nr. 637 „Laßt uns loben, Brüder, loben..."
- GL Nr. 638, 1–4 „Nun singe Lob, du Christenheit..."
- GL Nr. 644 „Sonne der Gerechtigkeit..."
- Bücken/Geerken: „Liebe ist nicht nur ein Wort..."
- Hansen/Lundberg: „Herr, deine Liebe ist wie Gras und Ufer..."
- Jesus-Bruderschaft Gnadenthal: „Wo zwei oder drei..."

Lieder zur Gabenprozession und -bereitung

Folgt der Trauungsliturgie eine Eucharistiefeier, beginnt diese mit der Bereitung der Gaben am Altar. Das Brautpaar oder die Ministrantinnen bzw. die Ministranten bringen Brot und Wein zum Altar, und der Priester spricht die Dankgebete. In dieser Zeit kann Stille herrschen, kann ein Musikstück gespielt werden, oder es singt die ganze Gemeinde ein Lied zur Gabenprozession und -bereitung:

- GL Nr. 480 „Wir weihn der Erde Gaben..."
- GL Nr. 490 „Was uns die Erde Gutes spendet..."
- Willms/Edelkötter: „Kann denn das Brot so klein..."

Sanctus- und Agnus Dei-Lieder

Das „Sanctus" und das „Agnus Dei" sind wichtige Teile der Messe, die sehr oft nicht gebetet, sondern gesungen werden. Nicht nur das „Gotteslob", sondern auch andere Kirchenliederbücher kennen viele Varianten dieser Liedtexte.

Sanctus-Lieder:

- GL Nr. 469 „Heilig ist Gott in Herrlichkeit..."
- Schubert, Franz: „Heilig, heilig, heilig..."

Agnus Dei-Lieder:

- GL Nr. 470 „O Lamm Gottes unschuldig..."
- GL Nr. 482 „Christe, du Lamm Gottes..."

Danklieder nach der Kommunion

Nach dem Empfang der heiligen Kommunion kann der Kantor einen Psalm anstimmen, bei dem die Gemeinde den Kehrvers mitsingt. In den meisten Gemeinden wird aber ein Danklied gesungen:

- GL Nr. 282 „Lobet und preiset, ihr Völker, den Herrn..."
  (Kanon zu 3 Stimmen)
- GL Nr. 289 „Herr, deine Güt ist unbegrenzt..."
- Bücken/Blarr: „Einer hat uns angesteckt mit der Flamme der Liebe..."

Schlußlieder vor der Entlassung

Am Ende des Gottesdienstes spricht der Priester die Danksagung, das Schlußgebet. Bevor er danach die Gemeinde segnet und sie entläßt, kann ein Schlußlied als allgemeine Danksagung der Gemeinde gesungen werden:

- GL Nr. 257 „Großer Gott, wir loben dich..."
- GL Nr. 266 „Nun danket alle Gott mit Herzen, Mund und Händen..."
- Schneider: „Danke, für diesen guten Morgen..."

Andere Möglichkeiten der Auswahl und Gestaltung

Predigt / Ansprache

Die Predigt bzw. die Ansprache hat ihren Platz nach dem Evangelium und vor Beginn der Trauungsliturgie. In ihr wird das Evangelium oder der ausgesuchte (Bibel-)Text erläutert und interpretiert. In der Regel ist der Zelebrant (Priester oder Diakon) auch der Prediger. Jedoch besteht gerade bei Trauungen die Möglichkeit, daß auch ein „Laie" statt einer Predigt eine Ansprache hält. Frau oder Mann müssen dabei nicht notwendigerweise Theologie studiert haben oder als Religionslehrer/in tätig sein, es sollte eben nur ein Mensch sein, der dort, wo er lebt und arbeitet, versucht, seinen Glauben zu leben und von ihm Zeugnis zu geben. Und eben von diesem Versuch, den Glauben tagtäglich im Leben – auch im Eheleben – zu verwirklichen, kann er berichten und dem Brautpaar sowie der übrigen Gemeinde somit ein Glaubenszeuge werden.
Für diese Anregung, auch einmal einen Laien predigen bzw. eine Ansprache halten zu lassen, spricht vor allem, daß ein Freund oder eine Freundin das Brautpaar besser kennt als so mancher Priester oder Diakon und daher persönlicher predigen/reden kann. Es geht bei diesem Vorschlag außerdem auch um ein vergessenes oder vielleicht auch verdrängtes, aber sicherlich biblisches Verständnis von Gemeinde, das heute wieder, wenn auch erst in ganz winzigen Ansätzen, gelebt wird, nämlich das Verständnis einer lebendigen Gemeinde mit vielen Diensten und Aufgaben (vgl. 1 Kor 12, 1–12); einer Gemeinde, die um ihre Berufung zum allgemeinen Priestertum (vgl. 1 Petr 2, 9) weiß, und einer Gemeinde, welche die in ihr

vorhandenen Charismen (= Gnadengaben) nicht zwingend und absolut unter das (Priester-)Amt stellt.
Auf alle Fälle müßte der Prediger/die Predigerin den Glauben in der Gemeinde bewußt zu leben versuchen. Ob diese Sie oder jener Er dies in der Gemeindearbeit der Kirche oder als christliche Mutter bzw. christlicher Vater versucht, spielt dabei keine Rolle. Kraft Taufe und Firmung haben alle Anteil am „allgemeinen Priestertum" (vgl. 1 Petr 2,9) und tragen Mitverantwortung an der Verkündigung des Glaubens.

Hochzeitskerze

Die Liturgie unserer Kirche lebt in und aus ihren sinnenhaft-symbolischen Ausdrücken, d.h.: unser Feiern im Gottesdienst ist vor allem geprägt durch Symbole und Zeichen im Reden und Handeln. Ein derartiges Symbol hat gerade bei Hochzeiten in den letzten Jahren an Bedeutung gewonnen, die Hochzeitskerze. Sie vergegenwärtigt nach außen das Versprechen, das sich Mann und Frau bei der Trauung gegeben haben. Ihr Licht und ihre Wärme können als das Licht und die Wärme in der Ehe gedeutet werden. Und sie ist Zeichen der übergroßen Liebe Jesu Christi, der die Ehe der Neuvermählten trägt und sie auf ihrem Weg durchs Leben begleiten will. Denn er ist nach dem Buch Kohelet 4,12 aus dem Alten Testament der dritte neben den Brautleuten, wenn da von einer dreifachen Schnur die Rede ist, die nicht so schnell reißt.
Wer mit diesem Symbol etwas anfangen kann, wem „es etwas sagt", sollte diese Möglichkeit nutzen und es in die Trauungsliturgie „einbauen"; ein fester oder gar verpflichtender Ritusbestandteil der Trauung ist die Hochzeitskerze aber nicht.
Wo aber hat, falls man dieses Symbol im Gottesdienst verwenden möchte, die Hochzeitskerze ihren Platz in der Trauungsliturgie? Sie sollte als besonderes Zeichen der Vermählung während der Trauungszeremonie brennen und daher nach der Predigt/Ansprache möglichst an der Osterkerze entzündet werden. Sie kann dann im weiteren Verlauf des Gottesdienstes und auch auf der Festtagstafel im Anschluß an die kirchliche Feier ihr Licht erstrahlen lassen.
Das Entzünden der Hochzeitskerze an der Osterkerze hat wiederum eine symbolische Bedeutung: Die Osterkerze ist Sinnbild für den auferstandenen Christus, das Licht der Welt, das uns Menschen in der Osternacht aufstrahlt. Wenn also an ihrem Licht das Licht der Hochzeitskerze entzündet wird, so ist das Zeichen dafür, daß Christus stets

als der Auferstandene und als das Licht der Welt auch in dieser Ehe gegenwärtig ist.
Wie kommt man an eine solche Hochzeitskerze? Zum einen kann man sich eine schöne Wachskerze heutzutage fast überall kaufen. Geschäfte für Kirchenbedarf oder Kunsthandlungen bieten reich und schön verzierte Kerzen zum Kauf an. Zum anderen kann man sich eine solche Kerze auch selbst herstellen und verzieren. In jedem Bastelgeschäft erhält man Dochte und Wachs, um sich eine Kerze selbst zu gießen oder zu ziehen. Oder man kauft sich eine neutrale, aber bereits fertig geformte Kerze und verziert diese mit bunten Wachsplatten oder Kerzenwachsfarben. Alle dazu notwendigen Materialien und Utensilien sind in einem Bastelladen erhältlich. Noch nicht verzierte Wachskerzen verschiedener Größen und Stärken gibt es in den bereits erwähnten Kunsthandlungen oder Kirchenbedarfsgeschäften.
Was die Motive für die Verzierung der Kerze angeht, so ist der Phantasie des Brautpaares keine Grenze gesetzt. Doch können auch spezifisch christliche Ornamente und Symbole wie das Kreuz, das X P (im Griechischen die Anfangsbuchstaben: Ch und R, die als Chi-Rho-Monogramm für Christus stehen) oder die Taube modelliert werden.

Lied- und Textheft für den Gottesdienst

Viele Brautpaare, die ihren Trauungsgottesdienst selbst vorbereiten und gestalten, erstellen dafür ein eigenes Lied- und Textheft, damit alle Gottesdienstteilnehmer mitbeten und mitsingen können. Diese selbstgemachten Heftchen enthalten dann Lieder, Liedtexte, Evangelium, Gebetstexte sowie die Texte der Trauungsliturgie u. a. m.; sie geben so den Ablauf der Feier wieder und sind eine gute Hilfe für alle Mitfeiernden. Man kann diese Begleithefte zum Gottesdienst ganz einfach selbst herstellen, indem man die gewünschten Lieder und Texte zusammenstellt, sie in die richtige Reihenfolge bringt, d. h., alles übersichtlich gliedert, und dieses „Original" dann in gewünschter Zahl kopiert oder auf andere Weise vervielfältigt.
Bei mehreren Seiten empfiehlt sich eine Klammerheftung. Aufwendiger, aber um so schöner werden solche Heftchen, wenn man um die eigentlichen Lied- und Gebetstexte noch eine Art „Einband" aus Seiden- oder schön bedrucktem Geschenkpapier macht. Aber auch hierbei können sich – wie schon bei der Hochzeitskerze – Phantasie und Kreativität besonders entfalten.

Mitwirkende

Seit dem Zweiten Vatikanischen Konzil, das von 1962 bis 1965 in Rom abgehalten wurde, gibt es nicht mehr nur das fast alleinige Wirken des Priesters beim Gottesdienst, sondern wieder ein sehr breites und vielfältiges Mitwirken der Gemeinde. Die Möglichkeiten der Dienste und Aufgaben für alle Gemeindemitglieder innerhalb der Liturgie des Wortgottesdienstes, aber auch der Eucharistiefeier seien hier kurz und knapp aufgezählt und umrissen:

- *Brautpaar*
  Das Brautpaar spendet sich während des Trauungsgottesdienstes zuallererst das Sakrament der Ehe, doch kann es wie die Eltern, Freunde und Bekannten auch andere Teile der Liturgie übernehmen.

- *Chor*
  Falls das Brautpaar sich Chorgesang gewünscht hat, kann ein Chor den Gottesdienst musikalisch umrahmen. Dabei spielt es keine Rolle, ob dieser Chor nun zur Pfarrgemeinde oder zur politischen Gemeinde gehört.

- *Eltern, Geschwister, Freunde und Bekannte*
  Sie alle können Teile der Liturgie wie das Lesen der Lesung(en), das Vortragen der Fürbitten oder das Vorbeten übernehmen.

- *Gemeinde*
  Auch die Pfarrgemeinde sollte in das gottesdienstliche Feiergeschehen mit einbezogen werden. Eine Hochzeit ist zwar ein persönliches Fest des Paares, doch steht ein Braut- oder Ehepaar auch immer in Verbindung mit der Pfarrgemeinde.

- *Kantor/Kantorin*
  Sind bestimmte Lied- oder Gesangstücke im Gottesdienst vorzusingen, kann dies die Aufgabe des Kantors oder der Kantorin der Gemeinde sein.

- *Lektor/Lektorin*
  Das Vortragen der Lesung(en), Fürbitten oder verschiedener Gebete und Texte innerhalb des Gottesdienstes kann auch der Lektor oder die Lektorin der Gemeinde übernehmen.

- *Ministrant/Ministrantin*
  Jungen *und* Mädchen oder auch Jugendliche beiderlei Geschlechts können während der gottesdienstlichen Feier dem Zelebranten (Priester/Diakon) assistieren.

- *Musiker/Musikerin*
  Zur musikalischen Ausgestaltung der Liturgie können fast alle Instrumente verwendet werden. Sind Instrumentalisten im Bekannten- oder Freundeskreis des Brautpaares, können diese ohne weiteres ihr „musikalisches Gotteslob" erklingen lassen. Dies gilt ebenso für eine (Kirchenmusik-)Band, die mit modernen, z. T. elektronischen Musikinstrumenten zur Ehre Gottes und zur Freude der Menschen spielt.

- *Organist/Organistin*
  Soll zur Trauung festliches Orgelspiel erklingen, gibt es in fast jeder Pfarrgemeinde einen Organisten oder eine Organistin, die diesen Part übernehmen werden. Doch kann dies nach Absprache mit dem zuständigen Ortsgeistlichen sicher auch ein Bekannter oder Freund des Brautpaares tun.

- *Prediger/Predigerin*
  Wie schon gesagt, kann eventuell ein (Laien-)Theologe oder ein anderer gläubiger Christ/Christin statt des Priesters (Diakons) eine Ansprache halten.

- *Zelebrant*
  Er steht dem Gottesdienst als Leiter vor.

- *Sänger/Sängerin*
  Auch durch einen Sologesang kann die Liturgie bereichert werden.

- *Schola*
  Eine Schola (meist einstimmig singender Männerchor) kann ebenfalls, sofern in der entsprechenden Gemeinde überhaupt vorhanden, gesangliche Teile in der gesamten Liturgie übernehmen.

Zwei Beispiele: Wie Brautpaare ihre Trauung gestalteten

„Zwei sind besser als einer allein"

Dorothee und Rainer Weiß (Diözese Rottenburg-Stuttgart)

Bei dieser Hochzeit handelt es sich um eine Trauung mit Wortgottesdienst ohne Eucharistiefeier (nach dem Ritus von 1975).

Eröffnung

- Vor Beginn des Gottesdienstes erhält jeder Mitfeiernde ein selbstgefertigtes Liedheft.
- Empfang des Brautpaares am Kirchenportal durch den Priester.
- Einzug von Priester und Brautpaar in die Kirche, während ein Freund von der Orgelempore das „Ave Maria" von Bach/Gounod auf der Trompete spielt.
- Lied zu Beginn des Gottesdienstes: „Was Gott tut, das ist wohlgetan..." (GL Nr. 294,1–3).
- Begrüßung der Gemeinde und Einführung in den Gottesdienst durch den Priester.
- Es folgen Schuldbekenntnis und Kyrie-Rufe in freier Gestaltung durch den Priester nach der Form C, GL Nr. 353,6.
- Das Gloria wird von der versammelten Festgemeinde gebetet.
- Der Priester spricht das Tagesgebet.

Wortgottesdienst

- Lesung aus dem Buch Kohelet (4,9–12):

  Zwei sind besser als einer allein, falls sie nur reichen Ertrag aus ihrem Besitz ziehen. Denn wenn sie hinfallen, richtet einer den anderen auf. Doch wehe dem, der allein ist, wenn er hinfällt, ohne daß einer bei ihm ist, der ihn aufrichtet. Außerdem: Wenn zwei zusammen schlafen, wärmt einer den andern; einer allein – wie soll er warm werden? Und wenn jemand einen einzelnen auch überwältigt, zwei sind ihm gewachsen, und eine dreifache Schnur reißt nicht so schnell.

– Predigt/Auslegung des Schriftwortes durch den Priester.

Trauungsliturgie

– Fragen nach der Bereitschaft zu einer christlichen Ehe.
– Segnung der Ringe (Form C):

Wie der Ring den Finger ganz umschließt,
so umschließe das Band der Treue jene beiden,
welche diese Ringe tragen.
Darum bitten wir:
Herr Jesus Christus, segne + die Ringe
und schütze die Ehe vor allem, was sie je bedroht,
der du lebst und herrschest in Ewigkeit.
Amen.

– Vermählung durch den Großen Vermählungsspruch.
– Bestätigung der Vermählung (Form C):

Im Namen Gottes und seiner Kirche bestätige ich den Ehebund, den Sie heute geschlossen haben.
Sie aber (N. und N.) und alle, die zugegen sind, nehme ich zu Zeugen dieses heiligen Bundes. „Was Gott verbunden hat, das darf der Mensch nicht trennen."

– Vom Band eines Kassettenrecorders erklingt Musik.
– Segnung der Neuvermählten (2. Segensgebet).
– Die Fürbitten werden von einer Freundin der Braut, vom Bräutigam und der Braut sowie vom Priester vorgetragen:

(Priester:) Gott, unser Vater, zu dir beten wir voll Vertrauen:

(Freundin der Braut:) Für diese Brautleute, daß sie glücklich werden in ihrer Ehe, daß sie ihr Leben miteinander in Freude teilen, daß ihre Liebe wachse durch all die Jahre ihres gemeinsamen Lebens und daß sie auch in Stunden der Einsamkeit und Enttäuschung füreinander da sind und immer wieder neu zueinander finden.

Alle: Wir bitten dich, erhöre uns.

(Braut:) Für alle, die uns auf unserem bisherigen Lebensweg begleitet haben, für unsere Eltern, die uns das Leben gaben, für unsere Familien, in denen wir aufwuchsen, für alle, die uns in Freundschaft verbunden sind, und für alle, die den Glauben an deine Güte in uns hineingepflanzt haben, daß wir alle in diesem Glauben bleiben und in der Liebe Jesu Christi – ein Leben lang.

Alle: Wir bitten dich, erhöre uns.

(Bräutigam:) Für alle Eheleute, die es schwer miteinander haben, die sich fremd geworden sind und die mit der Enttäuschung ringen, daß sie nicht aufhören, einander zu suchen, daß sie Verständnis und Geduld füreinander aufbringen.

Alle: Wir bitten dich, erhöre uns.

(Priester:) Für die verstorbenen Angehörigen dieser Brautleute, daß sie bei dir ihren Frieden und ihre ewige Heimat finden.

Alle: Wir bitten dich, erhöre uns.

(Priester:) So können wir voller Hoffnung bitten, weil du uns deine Nähe zugesagt hast.

Alle: Amen.[25]

– Die ganze Gemeinde singt drei Strophen des Liedes „Gott, der nach seinem Bilde ..." (GL 74).

Vaterunser

– Nach der Einladung durch den Priester betet die Gemeinde das Vaterunser.
– Eine Gesangs- und Musikgruppe, die sich aus Freunden des Brautpaares zusammensetzt, singt zur Überraschung des Brautpaares nach dem Vaterunser (diese Einlage war mit dem Priester abgesprochen) ein religiöses Lied.
– Anschließend spricht der Priester ein Dankgebet.

Entlassung

– Der Priester spricht den Segen über die ganze Festgemeinde.
– Die Gemeinde antwortet im Schluß- oder Danklied: „Danke, für diesen guten Morgen ...".

- Mit dem Entlassungsgruß: „Gehet hin und bringet Frieden!" beendet der Priester die Trauungsliturgie.
- Unter den feierlichen Klängen einer Orgelimprovisation ziehen Brautpaar, Priester und die ganze Festgemeinde aus der Kirche aus.

„Liebe ist das größte Abenteuer des menschlichen Herzens..."

Barbara und Michael Schreiber (Erzdiözese Freiburg)

Die hier im folgenden skizzierte gottesdienstliche Hochzeitsfeier des Verfassers und seiner Frau (nach dem Ritus von 1975) wurde in der Heimatgemeinde der beiden Brautleute gefeiert; der Pfarrer der Gemeinde, der Braut und Bräutigam noch aus der Zeit ihrer Mitarbeit bei den Ministranten und in der kirchlichen Jugendarbeit her kannte, stand der Feier vor. Da das Paar auch lange Zeit im (Kirchen-)Chor der Pfarrgemeinde mitgesungen hatte, wurde der musikalische Teil vor allem von ihm gestaltet. Aber auch Freunde des Paares wirkten mit Blasinstrumenten in der Liturgie mit.
Ehemalige Ministrantenkollegen des Bräutigams sowie Jugendgruppenleiter der KJG (Katholische Junge Gemeinde) assistierten dem Priester als Ministranten. Weiter feierten auch Mitglieder des Studentenvereins Unitas in ihrer traditionellen Kleidung mit. Ebenso war ein Freund des Paares (Diplomtheologe) als Prediger mit dabei.
Der Trauungsspruch, den sich beide ausgesucht hatten, ist ein Wort von Phil Bosmans: „Liebe ist das größte Abenteuer des menschlichen Herzens. Herzenskultur bringt dir nichts ein, aber sie verändert alles, dein Denken und dein Tun, dein Fühlen und dein Sprechen. Dein ganzes Leben."

Eröffnung

- Alle, die den Trauungsgottesdienst mitfeiern, erhalten beim Betreten der Kirche von den Ministranten ein Lied- und Textheft, welches das Brautpaar selbst entworfen und zusammengestellt hat.
- Noch vor Beginn der kirchlichen Feier begrüßt der Priester das Brautpaar am Kircheneingang, zusammen mit den Ministranten und dem Prediger und den studentischen Vertretern.

- Zum Einzug improvisiert der Organist auf seinem Instrument, bis alle, Brautpaar, Ministranten, Priester, die Mitglieder des Studentenvereins und die Festgemeinde, an ihrem Platz sind.
- Nun singt die ganze Gemeinde das Lied „Ich steh vor dir mit leeren Händen, Herr..." (GL Nr. 621, 1–3).
- Der Priester begrüßt die Anwesenden und fordert auf zur Besinnung und zum Schuldbekenntnis, das nach dem Vorschlag Nr. 353, 6 des „Gotteslob" gebetet wird.
- Nach der Vergebungsbitte des Priesters singt der Kirchenchor der Pfarrgemeinde das „Kyrie" und danach das „Gloria" aus der „Missa brevis Nr. 7 in D-Dur" von Wolfgang Amadeus Mozart.
- Es folgt danach das Tagesgebet (Form A):

Gott, unser Schöpfer und Vater, du hast die Ehe geheiligt und durch sie den Bund zwischen Christus und seiner Kirche dargestellt. Erhöre unser Gebet für dieses Brautpaar. Gib, daß sie die Gnade des Ehesakramentes, die sie im Glauben empfangen, in ihrem gemeinsamen Leben entfalten. Darum bitten wir durch Jesus Christus. Amen.

Wortgottesdienst

- Der Lektor, ein Freund des Paares, trägt die Lesung aus dem ersten Korintherbrief vor (12,31–13,8a):

Strebt aber nach den höheren Gnadengaben! Ich zeige euch jetzt noch einen anderen Weg, einen, der alles übersteigt: Wenn ich in den Sprachen der Menschen und Engel redete, hätte aber die Liebe nicht, wäre ich dröhnendes Erz oder eine lärmende Pauke. Und wenn ich prophetisch reden könnte und alle Geheimnisse wüßte und alle Erkenntnis hätte; wenn ich alle Glaubenskraft besäße und Berge damit versetzen könnte, hätte aber die Liebe nicht, wäre ich nichts. Und wenn ich meine ganze Habe verschenkte, und wenn ich meinen Leib dem Feuer übergäbe, hätte aber die Liebe nicht, nützte es mir nichts. Die Liebe ist langmütig, die Liebe ist gütig. Sie ereifert sich nicht, sie prahlt nicht, sie bläht sich nicht auf. Sie handelt nicht ungehörig, sucht nicht ihren Vorteil, läßt sich nicht zum Zorn reizen, trägt das Böse nicht nach. Sie freut sich nicht über das Unrecht, sondern freut sich an der Wahrheit. Sie erträgt alles, glaubt alles, hofft alles, hält allem stand.
Die Liebe hört niemals auf.

- Statt eines Antwortgesanges der Gemeinde spielen Freunde des Brautpaares ein Instrumentalstück für drei Bläser.
- Es folgt das Evangelium nach Matthäus (5, 13–16):

  In jener Zeit sprach Jesus zu seinen Jüngern: Ihr seid das Salz der Erde. Wenn das Salz seinen Geschmack verliert, womit kann man es wieder salzig machen? Es taugt zu nichts mehr; es wird weggeworfen und von den Leuten zertreten. Ihr seid das Licht der Welt. Eine Stadt, die auf einem Berg liegt, kann nicht verborgen bleiben. Man zündet auch nicht ein Licht an und stülpt ein Gefäß darüber, sondern man stellt es auf den Leuchter; dann leuchtet es allen im Haus. So soll euer Licht vor den Menschen leuchten, damit sie eure guten Werke sehen und euren Vater im Himmel preisen.

- Statt der Predigt des Priesters folgt nun die Ansprache eines befreundeten Theologen und Religionslehrers, der das Paar besser kennt als der Priester.

Trauungsliturgie

- Die Trauungsliturgie beginnt, indem das Brautpaar seine (selbstverzierte) Hochzeitskerze an der Osterkerze entzündet und ein Ministrant dazu das Schriftwort aus dem Johannesevangelium (1, 4–5) liest:

  Im Wort war das Leben, und das Leben war das Licht der Menschen. Und das Licht leuchtet in der Finsternis, und die Finsternis hat es nicht erfaßt.

- Zusammen mit der Gemeinde wird dann das Segensgebet über die Kerze gesprochen, bevor der Priester die Kerze segnet.

- Es folgen die Fragen nach der Bereitschaft zu einer christlichen Ehe und die Segnung der Ringe (Form A):

  Der allmächtige Gott segne + diese Ringe, die Zeichen der ehelichen Bindung. Er erhalte die Ehegatten, die diese Ringe tragen werden, in unverbrüchlicher Treue zueinander, damit sie in seinem Frieden und nach seinem Willen leben und allezeit einander lieben. Darum bitten wir durch Christus, unseren Herrn. Amen.

  und der Große Vermählungsspruch, mit dem sich die Brautleute gegenseitig das Sakrament der Ehe spenden.

– Nachdem der Priester die Vermählung bestätigt (Form A) und das Brautpaar gesegnet (1. Segensgebet) hat, folgt ein kurzes Orgelsolo.
– Eine Freundin der Braut spricht die Fürbitten, die von den Brautleuten selbst zusammengestellt worden sind:

(Priester:) Wo Menschen leben, rufen sie nach dir, o Gott. Auch wir kommen mit allem, was unser Leben erfüllt, immer wieder zu dir, denn du bist unsere Hoffnung, Kraft und Stärke. Deshalb bitten wir dich voll Vertrauen:

(Freundin:) Für Barbara und Michael, daß sie in ihrer Ehe glücklich werden und ihr Leben miteinander in Freude teilen; daß ihre Liebe wachse in den Jahren ihres gemeinsamen Lebens und daß sie auch in Stunden der Einsamkeit und Enttäuschung füreinander da sind und immer wieder neu zueinander finden.
Christus, höre uns.

Alle: Christus, erhöre uns.

(Freundin:) Für ihre Eltern und Angehörigen, daß Gott ihnen vergelte, was sie ihnen in ihrem Leben Gutes erwiesen haben.
Christus, höre uns.

Alle: Christus, erhöre uns.

(Freundin:) Für alle Menschen, die die beiden auf ihrem bisherigen Lebensweg begleitet haben: Laß sie stets in Freundschaft verbunden bleiben.
Christus, höre uns.

Alle: Christus, erhöre uns.

(Freundin:) Für alle, die diesen Gottesdienst mitfeiern: Laß sie dein Wort verstehen und hilf ihnen, sich immer wieder für dich zu entscheiden.
Christus, höre uns.

Alle: Christus, erhöre uns.

(Freundin:) Für alle Eheleute, die es schwer miteinander haben, sich fremd geworden sind und ihre Ehe als gescheitert ansehen: Laß sie nicht aufhören, einander zu suchen, und hilf ihnen, Verständnis und Geduld füreinander aufzubringen.
Christus, höre uns.

Alle: Christus, erhöre uns.

(Freundin:) Für die verstorbenen Angehörigen der Brautleute: Laß sie bei dir ihren Frieden und ihre Heimat finden.
Christus, höre uns.

Alle: Christus, erhöre uns.

(Priester:) Gott, deine Güte ist größer als unser Herz. Laß alle, für die wir hier gebetet haben, erfahren, daß du uns mehr schenkst, als wir zu erbitten wagen. Gib uns allen die Kraft, aus deiner Liebe zu leben, und hilf uns, diese Liebe unseren Mitmenschen zu verkünden. Darum bitten wir durch Christus, unseren Herrn.

Alle: Amen.

Eucharistiefeier

- Priester und Ministranten bereiten den Altar; die Gaben (Brot und Wein) werden gebracht, während der Kirchenchor aus Haydns „Schöpfung" den Satz „Singt dem Herren alle Stimmen ..." singt.
- Der Priester betet das Gabengebet (Form A):

  Herr, unser Gott, nimm die Gaben an, die wir nach heiligem Brauch für diese Brautleute darbringen. Du hast sie zusammengeführt; bleibe ihnen nahe mit deiner Sorge und Liebe. Darum bitten wir durch Christus, unseren Herrn. Amen.

- Innerhalb des Hochgebetes wird an den entsprechenden Stellen das „Sanctus" bzw. das „Benedictus" gesungen, das wiederum der Chor aus der „Missa brevis Nr. 7 in D-Dur" von Wolfgang Amadeus Mozart singt.

Kommunion

- Alle gemeinsam beten nach Abschluß des Hochgebets das Vaterunser.
- Danach spricht der Priester der ganzen Gemeinde Gottes Frieden zu und fordert die Anwesenden auf, sich diesen Frieden auch gegenseitig zu wünschen und weiterzusagen.
- Nun singt der Kirchenchor den letzten Satz, das „Agnus Dei", aus der Mozart-Messe.

– Priester, Prediger und Brautpaar empfangen die Kommunion in Gestalt von Brot und Wein.
Während die übrige Gemeinde den Leib Christi in Form des Brotes empfängt, spielen die Bläser zwei Stücke für Trompete, Posaune und Klarinette.
– Anschließend spricht ein Freund des Bräutigams das Gedicht „Versprechen" von Christa Peikert-Flaspöhler:

Versprechen

Ich meine dich ganz.
Du schwebst wie ein himmlischer Traum
durch mein Herz, bewegst mein Denken
rufst mich, in deiner Schönheit zu wohnen
Ich meine dich ganz

Nicht eine Nacht, ein Wochenende
den Sommer über

Nicht bis es einem von uns
zu anstrengend oder zu langweilig wird

Ich meine dich über die Zeiten hinaus.

Ich meine dich ganz

mit Freuden und Trauer, mit Wünschen und Ängsten
mit Gaben und Fehlern und schließe nichts aus.

Ich meine dich ganz
Unsre Ringe sprechen aus, was wir tun:

Du für mich
ich für dich

Ich meine dich ganz.
Unsre Ringe bezeichnen den Weg
zu der Stadt auf dem Berge

Christa Peikert-Flaspöhler[26]

– Nach einer kurzen Stille, in der der Text etwas „nach-"wirken soll, singt die ganze Gemeinde das Lied Nr. 266, 1–3 aus dem „Gotteslob": „Nun danket alle Gott..."

- Dann spricht der Priester das Schlußgebet (Form A):

  Herr, unser Gott, die Kraft des heiligen Opfers begleite diese Brautleute auf ihrem Lebensweg. Du hast sie im Bund der Ehe vereint und ihnen das eine Brot und den einen Kelch gereicht; stärke und entfalte ihre Liebe, damit sie immer mehr eins werden. Darum bitten wir durch Christus, unseren Herrn. Amen.

Entlassung

- Schließlich empfangen alle Anwesenden durch das Gebet und den Ritus des Priesters den Segen Gottes (Form C).
- Unter den feierlichen Klängen der Orgel ziehen Priester, Brautpaar, Ministranten und die ganze Gemeinde aus der Kirche aus.

Die gemeinsame („ökumenische") kirchliche Trauung

Wenngleich der Schwerpunkt dieses Buches, wie die bisherigen Ausführungen deutlich gemacht haben, auf der Feier der Trauung nach dem Ritus der katholischen Kirche liegt, so soll doch die „gemeinsame kirchliche Trauung", fälschlicherweise oft auch „ökumenische Trauung" genannt, nicht unerwähnt bleiben. Dabei kann diese Form der Trauung aber nicht in aller Ausführlichkeit besprochen werden. Es soll vor allem auf die (rechtliche) Möglichkeit dazu hingewiesen und der Aufbau der Feier dargestellt werden. Ebenso können die neu ins Ritenbuch aufgenommenen Formen der katholischen Trauung hier nur Erwähnung finden. Es handelt sich zum einen um „die Trauung eines Katholiken mit einem nichtgetauften Partner, der an Gott glaubt". Zum anderen wird jetzt auch berücksichtigt, daß nur ein Ehepartner gläubig ist, indem der zu verwendende Ritus überschrieben ist: „Die Trauung eines Katholiken mit einem Partner, der nicht an Gott glaubt". Beide Formen werden als Wortgottesdienst gefeiert und unterscheiden sich von der Trauung zweier katholischer oder gemischt-konfessioneller Partner textlich.
Doch nun zur gemeinsamen kirchlichen Trauung. Nach geltendem Kirchenrecht ist die Eheschließung zwischen einem Katholiken und einem anderen christlich Getauften, dessen Kirche „nicht in voller Gemeinschaft mit der katholischen Kirche steht"[27], eigentlich verboten. Doch kann eine solche Eheschließung aus einem gerechten und vernünftigen Grund erlaubt werden, wenn folgende Bedingungen erfüllt sind:

- Der katholische Partner muß sich bereiterklären, Gefahren, die zu einem Abfall vom Glauben führen können, zu beseitigen;
- weiter muß er sich bereiterklären, daß alle seine Kinder in der katholischen Kirche getauft und erzogen werden;
- der andere Partner muß um diese Versprechen des katholischen Partners wissen;
- beide Partner dürfen die Zwecke und Wesenseigenschaften der Ehe, wie sie die katholische Kirche kennt, nicht ausschließen.

Sind also diese Bedingungen erfüllt, erfolgt die Trauung konfessionsverschiedener Paare in der Regel nach der Ordnung der Kirche, in der (nach der Entscheidung der Brautleute) die kirchliche Trauung stattfinden soll. Für den katholischen Partner muß jedoch die Eheschließung in der von seiner Kirche vorgeschriebenen Form erfolgen, da die Ehe ja, wie oben beschrieben, Sakrament ist. Das heißt: für einen Katholiken besteht bei der Eheschließung „Formpflicht".

Von der Verpflichtung, nach der katholischen Eheschließungsform zu heiraten, kann der zuständige Bischof jedoch dispensieren, d. h.: durch die Zustimmung des Bischofs wird der katholische Partner von der Formpflicht entbunden. Nach einer solchen Dispens steht es den Brautleuten frei, ob sie ihre Ehe allein durch eine standesamtliche Heirat oder in einer religiösen Form begründen wollen. Für die katholische Kirche ist aber eine nichtkatholisch-religiöse Eheschließung einer rein standesamtlichen vorzuziehen.[28]

Wollen die Brautleute ihre Ehe in einer religiösen Form begründen, so haben die Deutsche Bischofskonferenz und der Rat der Evangelischen Kirche in Deutschland ein Ritenbuch herausgegeben, nach welchem eine gemeinsame kirchliche Trauung unter Beteiligung der Pfarrer beider Kirchen möglich ist. Dieses Ritenbuch „Gemeinsame kirchliche Trauung – Ordnung der kirchlichen Trauung für konfessionsverschiedene Paare unter Beteiligung der Pfarrer beider Kirchen" soll im folgenden seinem Aufbau nach kurz vorgestellt werden.

Es sei vorausgeschickt, daß hier unter dem Begriff „Pfarrer" von evangelischer Seite ein Pastor oder eine Pastorin und von katholischer Seite ein Priester oder ein Diakon zu verstehen sind, die dem Gottesdienst vorstehen können.

Die „gemeinsame kirchliche Trauung" bietet drei Formulare (A, B und C) zur Feier der Trauung an:

- Formular A: Trauung in einer evangelischen Kirche unter Beteiligung des katholischen Pfarrers
- Formular B: Trauung in einer katholischen Kirche unter Beteiligung des evangelischen Pfarrers (wird z. Zt. neu erarbeitet)
- Formular C: Ordnung der Trauung für konfessionsverschiedene Paare unter Beteiligung der Pfarrer beider Kirchen (korrigierte Fassung)

Die Formulare A und B haben Gültigkeit im gesamten Verwaltungsbereich der Deutschen Bischofskonferenz und des Rates der Evangelischen Kirche in Deutschland. Formular C ist eine Art überarbeitete Fassung der beiden anderen und gilt für die Erzdiözese Freiburg, für die Evangelische Landeskirche in Baden, für die Evangelische Brüderunität in Baden, für die Evangelisch-methodistische Kirche in Baden sowie für das Katholische Bistum der Alt-Katholiken in Deutschland.

Aufbau des Gottesdienstes

NACH FORMULAR A

Eröffnung

- Begrüßung (ev. Pfr. und kath. Pfr.)
- Lied der Gemeinde
- Eröffnungswort* (ev. Pfr.)
- Bibelwort* (ev. Pfr.)
- Gebet oder Psalm* (ev. Pfr. oder kath. Pfr.)

Wortverkündigung

- Schriftworte und Ansprachen* (jeweils von beiden Pfarrern)
- Lied der Gemeinde
- Lesungen* (kath. Pfr.)

Trauung

- Anrede (ev. Pfr.)
- Traufragen (ev. Pfr.)
- Ringübergabe (ev. Pfr.)
- Trauung (ev. Pfr. und kath. Pfr.)

Segnung und Fürbitten

- Segensgebet* (ev. Pfr.)
- Segen* (ev. Pfr. und kath. Pfr.)
- Lied der Gemeinde
- Fürbittgebet* (ev. Pfr. und kath. Pfr.)
- Gebet des Herrn (kath. Pfr. und Gemeinde)
- Entlassung (ev. Pfr.)

NACH FORMULAR B (wird z. Zt. neu erarbeitet)

Eröffnung

- Begrüßung und Einzug (kath. Pfr. und ev. Pfr.)
- Lied der Gemeinde
- Eröffnungswort* (kath. Pfr.)
- Gebet* (kath. Pfr.)

Wortverkündigung

- Lesungen und Ansprachen* (kath. Pfr. und ev. Pfr.)
- Lied der Gemeinde

Trauung

- Anrede und Fragen an die Brautleute (kath. Pfr.)
- (vorgezogene Ringsegnung und -übergabe)
- Konsenserklärung (kath. Pfr.)
- Ringsegen* (kath. Pfr.)
- Ringübergabe (Brautpaar)
- Lied der Gemeinde

Fürbitten und Segnung

- Fürbitten* (kath. Pfr., Vorbeter, Brautleute)
- Segensgebet (kath. Pfr.)
- Gebet des Herrn (ev. Pfr. und Gemeinde)
- Entlassung (kath. Pfr. und ev. Pfr.)

NACH FORMULAR C

Eröffnung

- Empfang und Einzug* (kath. Pfr. und ev. Pfr.)
- Eröffnungslied (Gemeinde)
- Begrüßung (einer der beiden Pfr.)
- Votum* (der andere Pfr.)
- Gebet* (einer der beiden Pfr.)

Wortverkündigung

– *Form 1*	– *Form 2*
Lesung*	1. Lesung* (ev. Pfr.)
	Lied oder Psalm*
	2. Lesung* (kath. Pfr.)
Ansprache*	Ansprache*
(Lied)	(Lied)

Trauung

- Lesungen* (kath. Pfr. oder ev. Pfr.)
- Traufragen* (kath. Pfr. oder ev. Pfr.)
- Konsenserklärung* (nur kath. Pfr. und Brautpaar)
- Gebet und Segnung* (kath. Pfr. oder ev. Pfr.)
- Übergabe der Ringe* (kath. Pfr. oder ev. Pfr.)
- Lied

Fürbittgebet/Segen

- Gebet [Fürbitten]* (kath. Pfr. oder ev. Pfr.)
- Gebet des Herrn (kath. Pfr. oder ev. Pfr. und Gemeinde)
- (Übergabe der Traubibel)
- Lied
- Segen* (kath. Pfr. oder ev. Pfr.)
- Auszug

Bei allen drei Formularen gibt es bei den mit * gekennzeichneten Teilen Auswahlmöglichkeiten bei den Texten und Gebeten. Auch die Lieder können frei gewählt werden, wobei Vorschläge von ökumenischen Kirchenliedern im Anhang des Ritenbuches (Formulare A und B) und im Anhang der korrigierten Fassung (Formular C) gemacht werden.
Aber auch schon die in den vorherigen Kapiteln ausführlich dargelegten Auswahl- und Gestaltungsmöglichkeiten, die Texte, Musik und andere Elemente betreffen, können in die „gemeinsame kirchliche Trauung" Eingang finden. Doch ist auch hierbei eine vorherige Absprache mit einem, besser mit beiden bei der Trauung anwesenden Pfarrern notwendig und wichtig.
Da die Abhandlung der „gemeinsamen kirchlichen Trauung" oder „ökumenischen Trauung" hier nur kursorisch erfolgen kann, seien interessierte Leser auf das Ritenbuch bzw. Ritenheft selbst verwiesen (siehe Literaturverzeichnis).

Nachwort

Am Schluß des Buches angelangt, steht nebst anderem die Frage: Was kann (können) ich (wir) nun mit dem Gesagten anfangen? Kann man aus den angeführten Beispielen einige Elemente für die Gestaltung der eigenen Hochzeit verwenden? Oder sind die Sachverhalte etwa unrealistisch dargestellt worden? Wurde nur der „Idealtyp" einer Trauungsliturgie vorgestellt? Waren die Informationen ausreichend, sprich: gab es genügend Anregungen, um sich mit der Vorbereitung der eigenen Trauungsliturgie zu beschäftigen? Hätte das eine oder andere nicht ausführlicher und damit verständlicher aufgezeigt werden müssen?
Es ist durchaus möglich, ja sogar wahrscheinlich, daß die eine oder andere Ausführung zu knapp und zu ungenau gemacht wurde. Anderes wurde vielleicht in allzu vielen Einzelheiten geschildert.
Doch es ist ja mein Anliegen, Ihnen, liebe Leserinnen und Leser, aufgrund meiner eigenen Erfahrungen und Erlebnisse eine Handreichung, d.h. eine Hilfe für Ihre eigene Hochzeitsvorbereitung zu geben. Einige konkrete Beispiele sowie Tips und Anregungen (Texte, Lieder, Musik, Symbole, Mitwirkende ...) stehen hierbei im Mittelpunkt. Liturgiewissenschaftliche und theologische Fragen sollten nur am Rande eine Rolle spielen. Damit soll gesagt sein, daß dieses Buch ein Arbeitsbuch sein will und mit ihm in der Vorbereitung auf die Hochzeit umgegangen (gearbeitet) werden soll.
Vieles oder gar alles konnte in dieser Arbeit nicht berücksichtigt werden. Nicht alles entspricht den Vorstellungen von Brautleuten, die gerade ihre Hochzeit vorbereiten. Einiges wird Ihnen vielleicht gefallen, und Sie werden es, wie hier beschrieben, aus dem Buch übernehmen. Doch wollte ich jedem Brautpaar mit diesem Buch in erster Linie eine Art „Grundgerüst" vermitteln, an dem Sie mit Ihren Ideen und Ihrer Kreativität weiterarbeiten können.
Wenn diese Vorschläge und Ideen Sie zur eigenen Gestaltung Ihrer gottesdienstlichen Hochzeitsfeier oder zur Mitgestaltung bei einer Trauung angeregt haben, dann ist damit auch meine Intention getroffen.
Allen Brautpaaren wünsche ich für die (weiteren) Vorbereitungen ihres Hochzeitsgottesdienstes viel Freude und Begeisterung und zu ihrem Festtag Gottes reichen Segen.

Anmerkungen

1 Vgl. Kleines Konzilskompendium. Konstitution über die heilige Liturgie, Nr. 21; oder auch Paul M. Zulehner, Priestermangel praktisch. Von der versorgten zur sorgenden Gemeinde, S. 52ff.
2 Wolfgang Beinert (Hrsg.), Lexikon der katholischen Dogmatik, S. 100.
3 Ebd., S. 101.
4 Ebd., S. 104.
5 Gemeinsame Synode. Synodenbeschluß „Christlich gelebte Ehe und Familie". Ehe als Sakrament, Beschluß Nr. 1.3.1.
6 Ebd., Beschluß Nr. 1.3.3.
7 Die Feier der Trauung. Ausgabe für Brautleute und Gemeinde, S. 5.
8 Unter kanonischem Recht versteht man das Recht der römisch-katholischen Kirche, das im Gesetzbuch, dem Codex Iuris Canonici (CIC), zusammengefaßt ist.
9 Vgl. Can. 1118, §2 CIC.
10 Vgl. Can. 1115 CIC.
11 Vgl. Can. 1111ff. CIC.
12 Can. 1111, §2 CIC.
13 Bertolt Brecht, Gesammelte Werke.
14 Winfrid Schiffers, Bebende Brücke.
15 Margot Bickel und Hermann Steigert, Wage zu träumen.
16 Martin Gutl, Ich begann zu suchen, S. 34.
17 Ebd., S. 81.
18 Ebd., S. 103.
19 Manfred Frigger, Zeit für mich – Zeit für Gott, S. 117.
20 Winfrid Schiffers, Bebende Brücke.
21 Phil Bosmans, Liebe wirkt täglich Wunder, S. 100.
22 Phil Bosmans, Blumen des Glücks mußt du selbst pflanzen, S. 73.
23 Peter Neysters, „Ich nehme dich an und verspreche dir die Treue ...", S. 15.
24 Ebd., S. 16.
25 Nach Peter Neysters, S. 15.
26 © by Christa Peikert-Flaspöhler, Osnabrück.
27 Can. 1124 CIC.
28 Vgl. Gemeinsame Synode, S. 796.

Literaturverzeichnis und Quellennachweis

Adam, Adolf, und Berger, Rupert, Pastoralliturgisches Handlexikon. Herder, Freiburg ^{6}1994

Beinert, Wolfgang (Hrsg.), Lexikon der katholischen Dogmatik. Herder, Freiburg, Neuausgabe 1997 (Stichwort: „Ehesakrament")

Beschlüsse der Vollversammlung. Gemeinsame Synode der Bistümer in der Bundesrepublik Deutschland und die Deutsche Bischofskonferenz (Hrsg.). Herder, Freiburg ^{7}1989

Bickel, Margot, und Steigert, Hermann, Wage zu träumen. Herder, Freiburg, veränderte Neuausgabe 1999

Bosmans, Phil, Blumen des Glücks mußt du selbst pflanzen. Herder, Freiburg, Neuausgabe 2000

Ders., Ja zum Leben. Herder, Freiburg ^{18}1998

Ders., Liebe wirkt täglich Wunder. Herder, Freiburg ^{15}1998

Bertolt Brecht, Gesammelte Werke. © Suhrkamp Verlag, Frankfurt am Main 1967

Codex des kanonischen Rechtes. Butzon & Bercker, Kevelaer 1984

Die Bibel. Altes und Neues Testament – Einheitsübersetzung. Die Bischöfe Deutschlands, Österreichs, der Schweiz, der Bischof von Luxemburg, Bozen-Brixen und Lüttich (Hrsg.). © Katholische Bibelanstalt GmbH, Stuttgart 1980

Die Feier der Trauung in den katholischen Bistümern des deutschen Sprachgebietes. Herausgegeben im Auftrag der Bischofskonferenzen Deutschlands, Österreichs und der Schweiz sowie der Bischöfe von Luxemburg, Bozen-Brixen und Lüttich. Benziger, Köln – Einsiedeln; Herder, Freiburg; Pustet, Regensburg; St. Peter, Salzburg; Veritas, Linz 1975

Die Feier der Trauung in den katholischen Bistümern des deutschen Sprachgebietes – Zweite Auflage. Herausgegeben im Auftrag der Bischofskonferenzen Deutschlands, Österreichs und der Schweiz sowie der (Erz-)Bischöfe von Bozen-Brixen, Lüttich, Luxemburg und Straßburg. Benziger, Köln – Einsiedeln; Herder, Freiburg; Pustet, Regensburg; St. Peter, Salzburg; Veritas, Linz 1992

Die Feier der Trauung. Ausgabe für Brautleute und Gemeinde. Liturgische Institute Salzburg, Trier und Zürich (Hrsg.). Herder, Freiburg 91989

Frigger, Manfred, Zeit für mich – Zeit für Gott. Junge Menschen beten. Herder, Freiburg 71995

Gemeinsame kirchliche Trauung. Ordnung der Trauung für konfessionsverschiedene Paare unter Beteiligung der Pfarrer beider Kirchen. Formular C (korrigierte Fassung). Erzbischöfliches Ordinariat Freiburg und Evangelischer Oberkirchenrat Karlsruhe (Hrsg.) 1974

Gemeinsame kirchliche Trauung. Ordnung der kirchlichen Trauung für konfessionsverschiedene Paare unter Beteiligung der Pfarrer beider Kirchen (Formulare A und B). Deutsche Bischofskonferenz und der Rat der Evangelischen Kirche Deutschlands (Hrsg.). Pustet, Regensburg, und Lutherisches Verlagshaus, Hannover 91989

„Gotteslob". Katholisches Gebet- und Gesangbuch. Die Bischöfe Deutschlands und Österreichs und die Bistümer Bozen-Brixen und Lüttich (Hrsg.). Katholische Bibelanstalt GmbH, Stuttgart 1975 (Stammausgabe; bitte beachten: für die einzelnen Diözesen gibt es je eigene Ausgaben)

Gutl, Martin, Ich begann zu suchen. Texte der Hoffnung. 7. Aufl. 1992, Verlag Styria, Graz – Wien – Köln. © Maria Gutl, Feldbach.

Höffner, Josef, und Rahner, Karl (Hrsg.), Lexikon für Theologie und Kirche (LThK). Herder, Freiburg 1959 (1986 als Taschenbuch erschienen), Bd. 3, S. 675–699 (Stichwort: „Ehe")

Hopfgartner, Joseph, „Wenn ich schaue Deine Werke". missio aktuell Verlag GmbH, Aachen

Katholischer Erwachsenen-Katechismus. Das Glaubensbekenntnis der Kirche. Deutsche Bischofskonferenz (Hrsg.). Butzon & Bercker, Kevelaer; Don Bosco, München; Verlag Katholisches Bibelwerk, Stuttgart; Lahn-Verlag, Limburg; Pfeiffer, München; Pustet, Regensburg; Styria, Köln 31985

Kehrt um und glaubt – erneuert die Welt. Lieder und Texte zum 87. Deutschen Katholikentag in Düsseldorf. Erzbischöfliches Generalvikariat Köln/Hauptabteilung Seelsorge (Hrsg.)

Krenzer, Ferdinand, Morgen wird man wieder glauben. Eine katholische Glaubensinformation. Lahn-Verlag, Limburg – Kevelaer, 40., leicht veränderte und neubearbeitete Auflage 2000

Neysters, Peter (Hrsg.), „Ich nehme dich an und verspreche dir die Treue ...“ Echter, Würzburg [17]2000, S. 4–5

Rahner, Karl, und Vorgrimler, Herbert, Kleines Konzilskompendium. Sämtliche Texte des Zweiten Vatikanums mit Einführung und ausführlichem Sachregister. Herder, Freiburg [28]2000, S. 497 ff.

Schaube, Werner, Lebenspuzzle. Herder, Freiburg 1981

Schiffers, Winfrid, Bebende Brücke. © Vier-Türme-Verlag, Münsterschwarzach 1998

Schönfelder, Roland, Der Liebe ein Zuhause geben. Bausteine für ein Leben zu zweit. Christophorus, Freiburg 1989

Willms, Wilhelm (Hrsg.), Mitgift. Eine Gabe, mitgegeben in die Ehe. Butzon & Bercker, Kevelaer [10]1996

Winkler, Hans-Jürgen, Wir feiern Hochzeit. Festgestaltung – phantasievoll und modern. Falken, Niederhausen [2]1997

Zapp, Hartmut, Das kanonische Eherecht. Rombach GmbH + Co. Verlagshaus KG, Freiburg [7]1988

Zulehner, Paul M., Priestermangel praktisch. Von der versorgten zur sorgenden Gemeinde. Kösel, München [2]1983

Die Ständige Kommission für die Herausgabe der gemeinsamen liturgischen Bücher im deutschen Sprachgebiet erteilte für die aus diesen Büchern entnommenen Texte die Abdruckerlaubnis. Die darin enthaltenen biblischen Texte sind Bestandteil der von den Bischofskonferenzen des deutschen Sprachgebietes approbierten Einheitsübersetzung der Hl. Schrift.

Weiterführende Literatur

Es ist nicht gut, dass der Mensch allein bleibt. Bausteine für Trauungsgottesdienste, hg. v. Bronner, Birgit. Verlag Katholisches Bibelwerk, Stuttgart 1997

Brantzen, Hubertus, Der Liebe ein Zuhause geben. Kleiner Grundkurs für Brautpaare. Herder, Freiburg 2000

Kapellari, Egon, Heilige Zeichen. Styria, Graz [3]1998, S. 56f., 60f., 66f., 75f., 81f., 85f.

Merz-Abt, Susanne / Merz-Abt, Thomas / Stutz, Pierre, Ein Stück Himmel auf Erden. Zur Vorbereitung auf Trauung und Traugottesdienst. Rex-Verlag, Luzern 1993

Merz-Abt, Thomas / Stutz, Pierre, Trauung feiern. Ehe-Werkbuch mit Gottesdienstmodellen. Rex-Verlag, Luzern 1999

Probst, Manfred / Richter, Klemens, Die kirchliche Trauung. Neues Werkbuch für den Gottesdienst. Herder, Freiburg 1994

Ripplinger, Chrysostomus, Die Feier der Trauung. Eine Handreichung für die Gemeinde. Butzon & Bercker, Kevelaer 1994

Schwikart, Georg, Die Seiltänzer. Über das Leben zu zweit. Butzon & Bercker, Kevelaer 2000 (Topos plus Band 319)

Stöffelmaier, Martin (Hrsg.), Geh mit uns auf unserm Weg. Trauungsansprachen. Schwabenverlag, Ostfildern 2001

Zur Feier der Hochzeit. Handreichung für Paare, Angehörige und Gemeinde, hg. v. der Hauptabteilung Seelsorge des Erzbistums Köln. Herder, Freiburg 1996